運のいい人が四季折々にやっていること

神様と暮らす12カ月

神社神職

桃虚《とうきょ》

幻冬舎

A　季節を感じ、生活に取り入れる人。

B　季節にとらわれず、変化を抑えて暮らす人。

運気が良いのはどちらの人でしょうか？

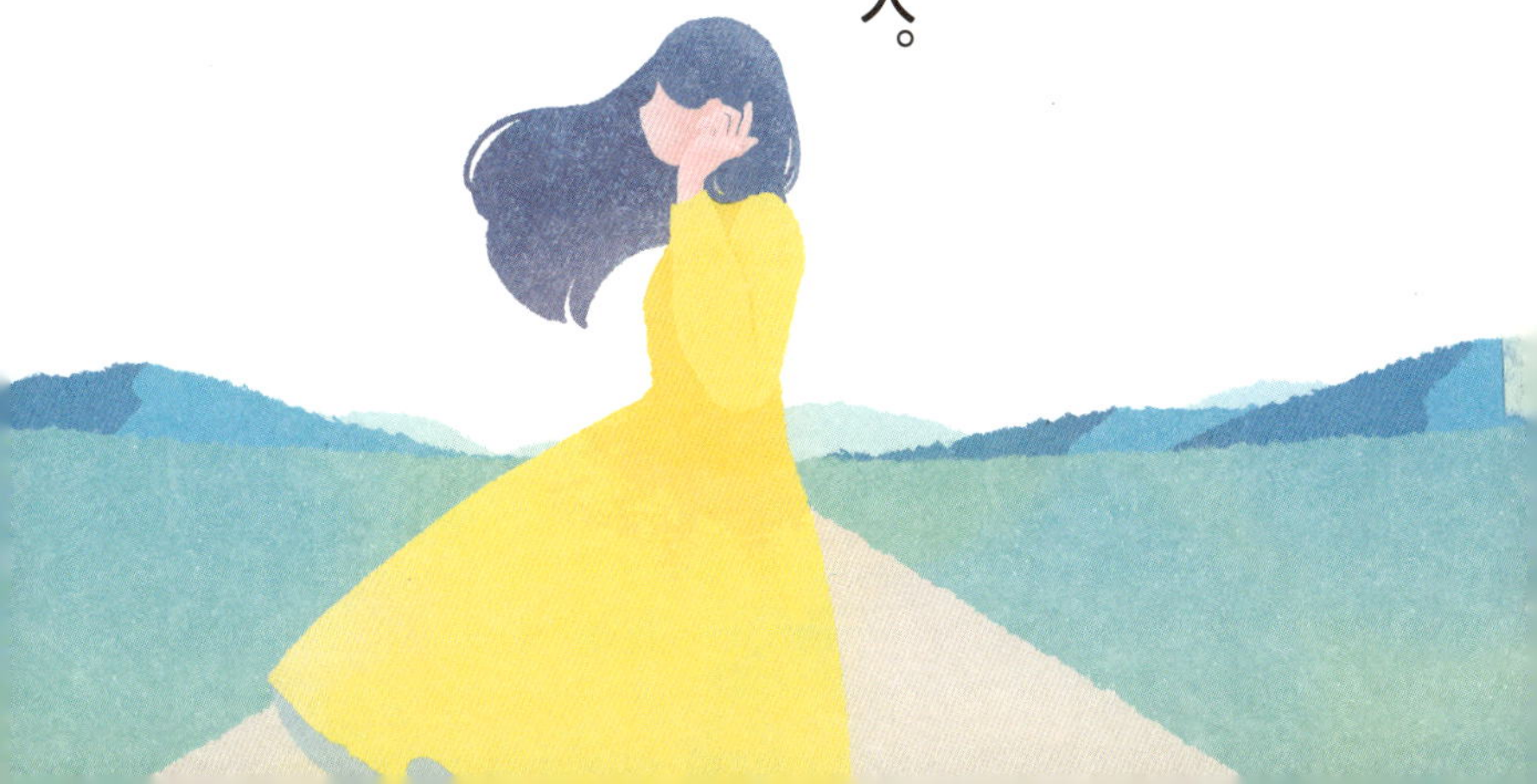

この本を手に取った方は、
きっと直感でおわかりですよね。

答えは、A。
季節を感じて生活に取り入れる人です。

私は現役の神職として、毎日神社でおつとめしていますが、
おまいりされる方々の中に、
あきらかに「運気がいい人」をお見かけすることがあります。

すれ違うだけで、こちらまでうれしくなってしまうような、
ステキな空気をまとった人。

彼らには共通点があります。
どんなに忙しくても、季節の変化を見つけて、楽しんでいる。
〝雅《みやび》〟な心の持ち主だということです。

その心の豊かさ、すこやかさに、
運の方から、引き寄せられているかのよう。

そして私は、

ああ、この人は
〝神様と暮らしている〟から、
運気がいいのだな

と、合点がいくのです。

というのも日本では、
季節の中に、自然の中に、
八百万《やおよろず》の神々がいるからです。

「季節」を感じて、楽しむことは、
すなわち、
八百万の神々の存在を感じ、
神々と楽しく交流すること。

言葉を変えれば、
四季折々に合わせて暮らすことは
神様と暮らすこと
になるのです。

大昔、海に囲まれたこの島に
住むようになった私たちの祖先は、
清らかな水と、豊かな森、海の幸、山の幸に囲まれて、
自然と縫い合わさるように暮らしていました。

自然と四季が与えてくれる恵みがないことには、
一時も、生きのびることができませんでした。

ですから、
自然の中にあるすべてを、
崇《あが》め、愛《め》でてきました。

小さなものから、大きなものまで。
人にとって、ありがたいものから、
おそろしいもの、こわいものまで。

尊し尊しと、愛でられたものが、
八百万の神々になったのです。

こうして、
古代の人々が季節の中に見出した神々。

そんな神々と「遊ぶ」ために行われてきたのが、
古来の季節行事です。

なぜ神様と「遊ぶ」のかって？

じつは、日本の神々は、無邪気な遊びが大好き！
人々が、その存在に気づき、褒めたたえ、一緒になって遊ぶことで、
神様たちのご神威《しんい》は、ぐんぐん増していきます。

遊びだから、
日本の季節行事は、ときに可愛らしく、おもしろい。
こうした、
神様たちをよろこばせるセンスのことを、
「宮び＝雅《みやび》」と呼ぶのです。

私の住んでいる関西では、神社は親しみをこめて
「お宮さん」と呼ばれています。
全国には、天満宮、神宮など
「宮」のつく神社もたくさんあります。

古《いにしえ》から今にいたるまで、
私たちの近くに、「宮び＝雅」はずっと、
存在し続けてきたのですね。

清少納言が「枕草子」につづった、
四季の自然のみずみずしさ。
折々に行う季節の宮中行事。
それらを最大限に楽しむ教養。

古典をひもとくと、当時の人たちは、私たちよりもずっと
「神様と仲良く暮らす方法」を知っていたことがわかります。
そして、「遊び心」を忘れていなかったことも。

これぞ「雅《みやび》」です！

現代でも、雅に生活できるものでしょうか……？

できます！

季節に「五感」を開いて、最大限に味わい、
生活に取り込めばいいのです。

とてもシンプルで簡単なことですが、
いざ、実践してみると、

今まで気づかなかった幸運や吉兆に
気づくことができるようになります。
体が、脳が、華やぎはじめます。

そのときにわかるでしょう。
「雅」と「季節」と「神様」が
ひとつにつながっていることが――。

この本は、インド生まれの神職である私が、
日本の季節のものごと、行事、習俗やしきたりの中から

神様とのつながりを感じやすいもの
雅だなあと思ったもの
幸福度の高いもの
運気を好転させやすくするもの

を選んで、12カ月の「開運行動」としてまとめたものです。

開運行動によって、
生活が整い、心地よくなります。
日本人が千年、積み上げてきた文化と、
暮らしの哲学を知ることができます。

**神様と暮らすということは、
「生活の知恵」であり、
「洗練された教養」なのです。**

五感を開いて季節を味わい、
神様と暮らして開運する。

これが、
一番簡単で、
一番効果の高い、
「幸せな日々を送る方法」
であることを、ぜひ知ってください。

神様と暮らす12カ月

運のいい人が四季折々にやっていること

目次

ブックデザイン　高瀬はるか
イラスト　宮下　和
DTP　美創

運を呼び込む四季の暮らし

みなさんこんにちは。インド生まれ、東京育ち、大阪住まいの神職、桃虚《とうきょ》と申します。みなさんにとっては、神職というより「神主《かんぬし》」という言葉のほうが、親しみがあるかもしれませんね。

ようするに、神社にいて、厄除けや合格祈願、家内安全などの「ご祈禱《きとう》」をする人です。そして、もっとも大切な仕事は、季節ごとの神事を行い、神様と人々が豊かに交わるお手伝いをすることです。

私はれっきとした日本人ですが、インドのムンバイという海辺の町で生まれ、インド人ナニー（子守）の手で、全身をごま油でマッサージされて育ちました。

今思えば、生まれた瞬間からアーユルヴェーダでケアされていたから、体が健康なのでしょう。それに、インドという国にはたくさんの神々がいて、神様のブロマイドがあるほど、人と神々が親密な仲ですから、私がのちに神職としてご奉仕するにあたっての素養のようなものは、知らないうちにインドで培《つちか》われていたのではないかと思っています。

その後はキリスト教系の中学高校に進み、大学では物理学を学び、卒業後は東京でフリーライターの仕事をしていました。神社の家に生まれたわけではなく、いわゆる転職組なのです。今は大阪の神社で、日々、神様のそばにいて、地域の氏子《うじこ》さんたちと関西の四季を味わい、和《なご》む毎日です。

なぜ、神職になろうと思ったのか。正直に申し上げますと、それまでの自由すぎて不規則な生活に飽きてしまい、**「清らかで丁寧な生活がしたい！」**という強い欲求が、体の内側からふつふつと湧いてきたからです。毎朝、早起きをして、竹ぼうきで境内をそうじし、神様にお仕えする生活は、どう考えても心と体によさそうですし、参拝される人々の人生の節目、慶事に立ち会えるのも魅力でした。平安貴族そのものの、雅《みやび》な神職の装束も、神事で奏でられる雅楽の調べにも心惹かれました。

神社へおまいりすると、清々しい気分になりますし、ご神木がさやさやと揺れる音を聞いていても、心が洗われて、素直になれますよね。きっとみなさんも、**神社へおまいりするときには、五感をフルに使って、神社という、清らかで強い運気のみなぎった空間を、味わっておられる**ことと思います。そんな空間に、四六時中、身を置くことができるなんて、なんとすばらしいお仕事であろうか！　と、単純に考えたのでした。

神職の資格を得るには、いくつか方法があるのですが、私は奉職予定の神社の宮司に推薦状を書いてもらい、神社本庁指定の教育機関で学び、資格試験を受け、合格したのちに神社庁が指定する神社で一定期間の実習をするという道を選びました。

資格を得るための学びには、座学と実技があり、そのどちらにも同じくらいの重きが置かれていました。実技では「祭式行事作法」という、神事における所作を、姿勢から徹底的に稽古しました。これによって身体的に神道というものを理解するのですが、思っていたより体育会系で、ずいぶん体幹が鍛えられました。のちに剣道道場に入門したとき、「何か武道をしていましたか？」と聞かれるくらい、丹田《たんでん》に重心を置く姿勢ができあがりました。

座学では日本の古典や歴史、神話の読解、比較宗教論などの人文学領域に加え、神社規則の作り方や宗教法人法などの実務領域を学びました。「祝詞《のりと》」と呼ばれる、神様に対して詠みあげる文章の独特の文体や語彙《ごい》を学び、実際に祝詞を作文して、筆で奉書紙に書き、詠みあげるといったこともしました。

しかし**神道には「教典」「経典」がないので、「教え」を受けることはできない**のです。仏教、キリスト教、イスラム教など、宗教と呼ばれるものには「教え」があり、して良いこと・してはいけないことも、決まっています。それに対して、神道には教えがなく、祀《まつ》られている神々には、私たちにとって良い神もいれば、悪い神もいて、悪かった神が良い神になることもあれば、その逆もあり、荒ぶる神もいれば、とくに何にもしない神もいて……はっきり言って**善悪の概念はありません**。

日本の神様は、私たちを導いてくれたり、悪い行いを罰してくれたりする存在ではありません。なぜなら、**日本の神様は、身のまわりにある自然、季節の移り変わりの中にきらめくように存在する自然現象そのもの**だからです。

太陽、月、海、山、川、風、雷、稲妻、雨、雪、花、果実。

これらすべてに、神様が、無数に存在しているのです。

イザナギ、イザナミ。

アマテラス、ツクヨミ、スサノオ。

日本神話に登場する神々は、生まれ、暴れ、笑い、泣き、よろこび、清め、隠れ、歌い、踊り、性交し、産み、殺し、愛して、死にます。

とてつもないパワーで。

破天荒な動きで。

理不尽な理由で。

なぜなら、**神々は自然の中に、四季の中に、人間の知識や哲学ではとうてい追いつけない複雑さで、存在しているから**です。

そして**人間も、自然の一部である以上、神々の影響なしに、暮らすことはできない**のです。

だから、神々にバイオリズムを合わせ、神々とともに四季に沿って生きることが、日本で暮らす私たちにとって、もっとも生きやすい道だと思うのです。

願っていることが願っているタイミングで訪れるとか、美しい場所の美しい瞬間に立ち会って多幸感に包まれるとか、いわゆる**「運気」と表現されるものは、宇宙の星々の運行や、暦《こよみ》な**

どによって占われることが多いですよね。それは自然界にいる神々のリズムを知って、それに歩調を合わせようとしているのだと思います。

昔の人たちが、自然の中にいる八百万《やおよろず》の神々のたてる音に耳を澄ませ、動きを肌で察知し、四季折々の暮らしの知恵として伝えてきた数々の行事やしきたりは、私の憧れた**「清らかで丁寧で、ちょっと雅《みやび》な生活」**の大事な柱です。

そして古典文学の中にも、**季節行事で神々と遊び、運を呼び込むヒントが詰まっています。**

私はそれらを、みなさんと共有できたら幸せだなと思いました。

次の章からは、ひと月ごとに、神々と遊び、季節を丁寧に感じ、暮らしに取り入れる知恵を、具体的にご紹介していきます。どの月から読んでも、どのトピックから実践してもかまいません。きっと**世界の捉え方が変わって、日本のことも、自分の暮らしも、もっと好きになる**と思います。

1月

げんをかつぐ

年神様《としがみさま》が、新しい一年をみんなに配る1月は、その年の運気をセットアップする月でもあります。「一年」を受け取るときの作法と姿勢が、かんじんかなめなのです。

初詣から始める二礼二拍手一礼で、見目麗しく生きよう

元日の朝の、ピンと冷たい空気。お雑煮とおせち料理。ちょっとだけいただくお屠蘇《とそ》。お正月には、私たちの大好きなものが詰まっていて、否応なしに気分が高揚します。

そして、何はなくとも初詣《はつもうで》。毎日お詣りしている人にとっても、年に一回だけの人にとっても、新しい年にする神仏への最初のお詣りが、初詣です。参拝作法もばしっとキメられたら、幸先よいスタートが切れますよね。

神社で、もっとも**基本的な参拝作法は「二礼二拍手一礼」**です。

神前に向かい、まっすぐに立ち、両足はかかとをぴったりとくっつけて立ちます。足先は左右くっつけても、すこし逆ハの字に広げてもよい。天から頭を吊られているかのごとく背筋を伸ばし、お腹は平らにして、お尻をきゅっと締め、おへそを縦に長くする気持ちで、ぐっと上に引き上げます。膝と背筋をまっすぐに伸ばしたまま、骨盤から90度、ゆっ

くりと体を折ります。上体を起こす時にも、背中はまっすぐ伸ばしたまま、お尻の筋肉で持ち上げるようにします。とにかく背中はまっすぐ。これをゆっくりと2回行うのが「二礼」です。

それから、二拍手。体幹をしっかり安定させたうえで、肩の力は抜き、やわらかく両手のひらを合わせます。そして、手のひらをすこしだけずらし、適度なくぼみを作って、良い音が出るように2度、手を打ちます。

最後の一礼は、背中を伸ばしたまま、骨盤から前に倒してゆっくり90度。

以上です。本気でやると体幹に効きますし、背筋も伸びます。

私は30歳を過ぎて神職になってから1センチ背が伸びました。毎日の二礼二拍手一礼で、姿勢がよくなったためです。

毎日の拝礼をすることによって、季節の移ろいを感じ、気持

ちは清まり、姿勢がよくなるおまけがついてくるのです。みなさんも元日から始めれば夏には目に見えて効果が現れるはずです。

驚いたことに、姿勢が良いというだけで人から褒められます。大阪で待ち合わせをすると、「桃虚さんは立ち姿でわかる。シュッとしてはるから」と言われますし、旅行先のホテルで知らないマダムから「朝食の時にあなたの背筋がぴっと伸びていて、ステキやわあと思って」と声をかけられ、隠れた名所を教えていただいたこともあります。魚屋さんに地鎮祭の鯛《たい》を取りに行って、べっぴんさんだからとおまけしてもらったこともありました。神職になってから「べっぴんさん」と言われる頻度が上がったのですが、顔はいじっていませんから、べっぴんさんとは、顔ではなくて「姿勢がよい人」なのだと思います。

拍手で邪気を祓い、鈴で神様を呼ぶ。神様と音の密接な関係

二礼二拍手一礼にはもうひとつ、「拍手《かしわで》がうまくなる」という効果もあります。もちろ

ん最初は「ぺちっ」とした音が出がちですが、手のひらと手のひらを合わせる瞬間に気を集中させ、強くもなく、弱くもなく、ちょうどよい圧で手を打つようにすると、ある日突然、よく通る音が鳴るようになります。

「それ、誰が得するんですか」と思うかもしれません。が、これがとても快感で、気持ちがすっきりします。そして繰り返しているうちに、空間の邪気を一掃して清める、鼓のような音が出せるようになってきます。拍手は年季が入れば入るほど上手くなるので、拍手歴50年のおじいさん神職が打つ拍手は、ぽん、とまろやかで、それでいて場の空気を一瞬で清める力を持っています。

意外と知られていませんが、**「音」は清めの重要な要素**なのです。

神社では、「清め」がすべてに優先されます。神事のはじまりにはかならず「清め」が、かなりの時間と手間を割いて行われます。水で物理的に手や身を清め、木の葉や紙で作った祓串《はらえぐし》で見えない邪気を祓い、さらに塩、酒、火で空間を清める。そして、音でも清めるのです。

お賽銭《さいせん》箱の上からぶらさがっている鈴のことを、**神様の呼び鈴**のようなもの、と思っている方も多いかもしれません。もちろんそれも間違いではないですが、もともとは、**鈴の**

音によって参拝者自身を含むその「場」を祓い清めるものとして、そこにあります。

　熊の出る山に入る時、私たちは熊除けの鈴を持ちますよね。僧侶が山を巡行する時に持つ錫杖《しゃくじょう》も、鉄や銅の輪が複数ついていて、それが触れ合うことで音が鳴るしくみです。**音によって害獣や災難を追いはらう**。私たちは祓いの手段として「音」を使ってきたのです。

　拍手は、鈴や錫杖といった物がなくても、体ひとつで祓いの音が出せる手段。それが儀式の中で作法化し、ぽん、という音によって、その場を祓い清めるという機能を持ったのではないかと思います。

　みなさんは、大相撲を見に行ったことがあるでしょうか。テレビ観戦でもよいので、一度、取り組み前の関取の所作をよく観察してみてください。彼らは土俵に上がると、蹲踞《そんきょ》して、揉《も》み手をし、拍手をひとつ打ち、両手を上に向けて肩の高さまで上げ、手のひらを下に返すという「塵手水《ちりちょうず》」という作法をしています。これは、その昔、手水がないときに、代わりに草や空気で身を清めたことが由来です。

そして、**力士が拍手を打つ、という行為は、「音で〝場〟を清める」ということ**なのです。〝場〟には自分も、取り組み相手も行司もお客さんも土俵も含まれます。大相撲は「試合」や「大会」とは言わずに「場所」と言いますよね。「場所」は神聖な空間と時間を意味しているので、取り組みごとに、清めの作法が行われるのです。

なぜ二礼二拍手一礼なのかを考えてみた

さて、初詣でばしっと「二礼二拍手一礼」をキメたあなたは、きっと「どうして礼と拍手が2回ずつなんだ」という疑問を持つでしょう。丁寧にすれば、1回ずつでいいじゃないか？　と。私も最初はそう思いました。

実を言うと、二礼二拍手一礼の明確な意味はわかっていません。意味なんてないという可能性もあります。とはいえ、諸説ある中で、二礼と二拍手の「二」は、「きわめてたくさんの数」を表しているのではないかという説が、しっくりくるかなあと思います。

0が「ない」。1は「ある」。2は「複数ある」。

この「2」という複数は、千や万や億、兆や京や那由多や不可思議を内包しているのだ、という考え方です。**「とてつもない数のおじぎ」と「桁外れの回数の拍手」**をぎゅっと**2回に凝縮する**のだから、相当のエネルギーをそこに込める、ということになります。

問題は、最後の一礼です。「神様に対する終わりの挨拶」であるとか、「その場を退く合図」であるといった説がありますが、神職の作法では、このあとに一歩退いてから浅めの礼をし、これが退くときの挨拶とされています。ならば、最後の一礼とは?

それこそ謎に包まれていますが、剣道における「残心《ざんしん》」のようなもの、というのが、私なりの解釈です。以前、戦国武将のように強い剣道七段の先生から、「残心」の概念を教わったのですが、それは、全神経を集中させて相手の面を打ったあと、その打突の形と勢いを保ったまま走り抜けることを言うのです。

これを「二礼二拍手一礼」に置き換えてみると、**全エネルギーを集中させて二礼二拍手**

をしたあとに、残像のように残る心、それが、**最後の「一礼」**なのではないでしょうか。

さて、多くの人にとって、神社でお参りが済んだらおみくじを引いて一年を占い、ひとしきり盛り上がるのが初詣の恒例でもありますよね。それから、新しいお守りとお札を受けて、絵馬を書いて、露店でいつもの好物を買う……など、毎年することが決まっていて、それをしないことにはどうにも始まらぬ、という方も多いのではないでしょうか。いわゆる新年のルーティーンが、それぞれの人にありますよね。

そこには、日本人に通底する、**「げんかつぎ」という感覚**があるような気がします。

げんかつぎとは、以前に行って、良い結果を得られた行為を、繰り返し行うことによって、吉兆を推しはかる行為のことです。

神社のお祭りは、**1月1日の歳旦祭《さいたんさい》**はもちろん、毎年、同じ月の同じ日の同じ時刻に行われ、稲作の段取りや四季の暮らしに縫い合わさるよう

に、毎年同じ内容の神事が行われていきます。田植えの春祭り、疫病除の夏祭り、収穫の秋祭り、そしてまた、年始を祝う歳旦祭。農耕民族の日本人は、**毎年同じ日に同じことをすることで、実りと繁栄を確実なものにしたかった**のでしょう。

今は農業を専門にする人は圧倒的に減りましたが、年の初めにはかならず神社に詣でる、という人が大多数です。私たち日本人の細胞レベルの〝記憶〟のせいかもしれません。

神社の書庫に大事に収められている、和紙に墨で書かれた奉納帳を見ると、祭りには毎年、同じ人が同じ物を奉納しています。20~30年単位で世代が入れ替わって行くものの、それが何百年と繰り返されています。デジタルデータは消えても、墨は消えない。実感として紙と墨を信用しているので、私たちは今でも祭りの奉納帳を墨で書いています。

毎年更新されつつ、その存在も、していることも、何百年、古いところでは千年以上、変わらない。そんな**神社という場所が、日本中どこでも、「氏神さん」としてご近所のあちこちにある**。そこには必ず**御神木**と呼ばれ、切られることをまぬがれた樹齢の高い木があり、そこにしか生えない苔《こけ》や、小さな生き物が暮らしています。

「ここはいつ来ても変わらへんなー」という参拝者の素直な感想こそ、神社の本質なのだと思います。**毎年、同じ場所に来て同じ気分を味わい、げんかつぎができる、**このことがとても大事なのです。

数え年の数え方、知ってますか？

お正月にやってくる年神様は、みんなに等しく、新しい一年を配ります。そして全員、数え年がひとつ上がります。

人生を学校に見立ててみますと、生まれた時点で人生の1年生学級に入るので、数え年は1歳。そしてお正月に年神様がきて、次の1年をもらうと進級して2歳、という具合です。満年齢は「生まれてから何年生きたか」という、過ぎた時間の量を表していますが、**数え年は「今、人生の何年生か」という学年を表しているの**です。

学年にはそれぞれシンボルとなる動物が（架空の動物も含まれます）がひとつあり、それは干支と呼ばれます。干支は12種類あって、順番に巡ります。

福の神様の意外なる生い立ちを知って あなたの〝推し神〟を見つけよう

新しい一年という「未来の時間」をくれる年神様は福の神と言えますが、お正月にはさらに**七福神めぐり**などをして一年の福を授かる風習が、全国各地にあります。なかでも**えびす様**と**大黒様**は富と福を授ける神として、人気が高い神様です。

関西地方では、年の初めに**「えびす祭」**というお祭りが多く行われています。七福神の一柱である戎大神《えびすおおかみ》（通称えべっさん）の例祭日である1月10日を中心に行われるお祭りで、十日戎《とおかえびす》とも言われ、福笹《ふくざさ》や熊手《くまで》、箕《み》などを授かって一年の商売繁盛と家内安全を祈願するのです。

願いを叶えてくれるえびす様という神様は、可愛いおじさんの姿をしています。海の向こうのめっちゃ栄えた理想

えびす様

大黒様

郷から、釣竿《つりざお》と鯛《たい》を持ってやってくる、いわゆる渡来神で、そのふくよかなお腹と笑顔は、福や富を表すアイコンです。「エビス」という名は異邦人や辺境に住む人を表す「エミシ」「エミス」からきていると言われ、鯛を持っている通り、もともとは豊漁の神様でした。港から経済が発達していくとともに、やがて**豊漁も豊作も商売繁盛も担う福の神様**となって、あっという間に全国的に広がったのだそうです。

島国に住んでいる農耕民族の私たちには、元来「海の向こうにある栄えた国から福の神がやってきて、富をもたらしてくれる」という期待がどこかにあるのですよね。

このえびす様、神道では**「古事記」「日本書紀」**における蛭児（ヒルコ）と同一視されることがあります。イザナギとイザナミが国土を産む時（いきなり国土を「産む」なんて言うと驚かれるかもしれませんが、「古事記」「日本書紀」では男神と女神が性交して国土を産むのです）、最初に女性神であるイザナミがイザナギに「いい男ね」と言い、次に男性神のイザナギがイザナミに「いい女だね」と言って性交して、生まれてきたのがヒルみたいなぐにゃぐにゃしたものだったので、イザナギとイザナミはこれを葦《あし》の葉っぱに包んで海に流しました。この時流されたのがヒルコです。

このあとイザナギとイザナミは声をかける順番を交代して性交し、様々な島からなる国土を生みます。流されたヒルコはその後、「古事記」「日本書紀」には登場しませんが、今の兵庫県あたりの浜に流れ着いて「蛭児大神（ヒルコオオカミ）」になったと言われています。これがえびす様だという信仰があるのです。えびす様は、海の向こうからやって来たけれど、実は日本生まれ、というわけですね。

私は二児の母になる前、流産を経験しているのですが、体調が戻ってもなかなか気力が戻らなかったとき、この神話に触れて癒されました。「流れた我が子が釣竿と鯛をたずさえ、ぽっちゃりしたおじさんの姿で帰ってきて、たくさんの人に福をもたらす神様になる」なんてほっこりする物語は、自分では到底思いつかないですから。

自分の体に起きたことは、人間の体という自然物に起きた自然現象であり、それ自体が尊いことであるということを、この神話は教えてくれているように思いました。

ところで、**七福神の中で、日本生まれはえびす様だけ**です。えびす様とペアになっていることが多い**大黒様（大黒天）**は、インドのヒンドゥー教の神マハーカーラが日本にわたって大国主命《おおくにぬしのみこと》と習合した神様ですし、財宝と武勇の神の**毘沙門天**《びしゃもんてん》も、同じくインドのヒンドゥー教の神クベーラが起源で、仏教の世界でも、四天王の一柱《ひとはしら》として活躍しています

（神様を数える単位は「柱」です）。**福禄寿**《ふくろくじゅ》と**寿老人**《じゅろうじん》は、中国道教の神様。**布袋**《ほてい》は中国の禅僧、契此《かいし》が起源です。

七福神唯一の女神である**弁天様（弁財天）**は、インドのヒンドゥー教の女神サラスヴァティーが起源です。私がインド生まれだと知った氏子さんから、「ほんならあんたは、この弁天さんやな！」と言われてうれしかったのを覚えています。何と言っても弁天様は、芸術、学問、弁舌の神様で、そのお姿は、腕に琵琶《びわ》をかかえた、水もしたたるいい女ですから……。

七福神の概念は、室町時代に生まれましたが、メンバーが今の七柱に固定されたのは江戸時代と言われています。国籍も宗教も異なるバックグラウンドを持つ神様たちが、それぞれの個性を発揮しているのが七福神なのです。私はえびす様と弁天様推しですが、七福神は宝船に乗っていますから、全員をグループとして応援する箱推し、ならぬ「船推し」も楽しそうですね！

コラム

十二支の話

十二支は中国から日本に伝わったものです。古代中国で最も尊い星とされていたのが「木星」でした。木星は、12年かけて太陽のまわりを一周します。その年の木星の位置を示すために、天を12にわけて、それぞれに子・丑・寅・卯・辰・巳・午・未・申・酉・戌・亥という、12カ月の順番をあらわす符号の漢字を当てはめたのが十二支です。

ただし木星は、月や太陽と逆方向に天球を回るので、実際には木星と逆回りになる「太歳（たいさい）」という仮想の惑星、いわゆる木星の鏡像を作って、この星の回る順を十二支としたのです。

のちの時代に、漢字を知らない庶民にも順番を覚えやすいようにと、十二支の漢字に動物がひとつずつ、当てはめられました。子に鼠、丑に牛、寅に虎、卯に兎、辰に龍、巳に蛇、午に馬、未に羊、申に猿、酉に鶏、戌に犬、亥に猪。そして日本では、訓読みで「ね・うし・とら・う・たつ・み・うま・ひつじ・さる・とり・いぬ・い」と覚えられるようになりました。

十二支は、年だけでなく、日、時刻、方角にも使われ、**私たちの生活の中で千年以上、欠かせない単位として存在**してきました。**その年の動物のモチーフをお守りにする風習**は、生活に密着した単位を大切にする心、**日々の生活を大事に思う気持ちから生まれた開運法**なのです。

2月

陽を朗らかに迎える

万物が芽吹く春は、運も芽吹くとき。節分の豆まきで冬の「陰」を追い出して、「陽」を迎えます。心身の邪気を祓《はら》い、運の芽吹きを助けます。その鍵は、「無邪気な心」です。

節分は年に4回ある！
2月の節分は「冬の打ち上げ」の日

2月の行事といえば、節分の豆まき。**節分とは、立春の前日**のことです。と言いますと、「立春ってなんだっけ」「春分とどう違うんだっけ」という疑問が湧きますよね。ひとことで言えば、春が立ち上がるのが**「立春」**で、春の真ん中が**「春分」**です。

もうすこしくわしく説明しますと、まず一年をひとつの円として、昼夜の長さを基準にし、その円周を4等分するようにポイントを打ちます。昼が一番長くなる日の**「夏至」**、時計まわりに90度まわって昼夜の長さがだいたい等しい日の**「秋分」**、さらに90度まわって夜が一番長くなる日の**「冬至」**、そこからさらに90度まわって昼夜の長さがだいたい等しい**「春分」**。この夏至・冬至・春分・秋分のポイントのあいだに、さらに四つポイントを打ちます。冬至と春分の真ん中に**「立春」**。春分と夏至の真ん中に**「立夏」**。夏至と秋分の真ん中に**「立秋」**。秋分と冬至の真ん中に**「立冬」**。この四つの「立」は四立《しりゅう》といって、

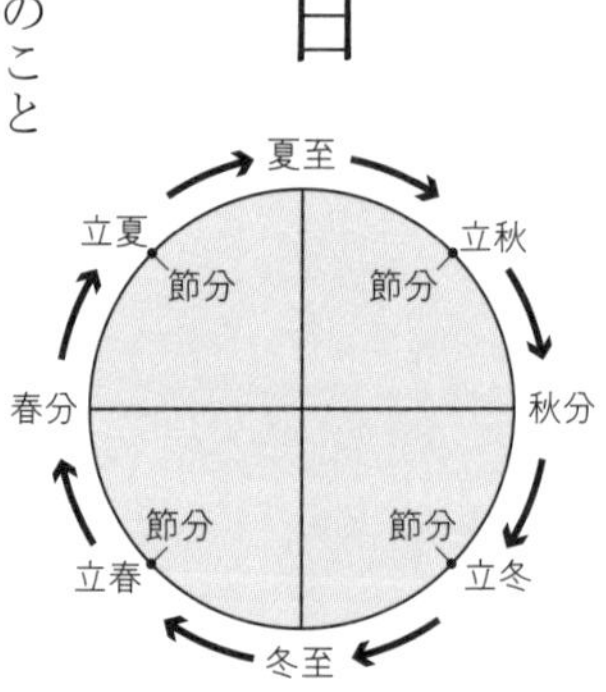

春夏秋冬のそれぞれの季節が立ち上がる日。つまり**春夏秋冬の初日です。この四立の前日を「節分」と呼びます。**

というわけで、もともと、**節分は一年に4回ある**のです。

それなら、どうして「立春」の前日の節分だけが大々的にフィーチャーされて、みんなで豆まきをしたりするのか……？

さきほど、一年をひとつの円と考えました。季節はぐるぐる巡るのですから、**「節分」とは、前の季節の最終日**なのです。

最終日と言えば？　そう、**打ち上げ**です。

節分が、季節の最終日の打ち上げだとすると、やはり、冬の最終日を一番盛大に打ち上げたいですよね。長く厳しい冬を乗り越えて、明日から春が立ち上がるのですから！

天地の万物は「陰と陽」から成る、という古くからの思想があります。もともとは中国の思想ですが、日本もこれを取り入れて、あらゆる自然現象を「陰と陽」で理解してきました。天地の気における陰陽のバランスは太陽の運行によって移り変わり、その変化によって季節が生じると考えました。陰と陽はいつも半分ずつではなく、一年のサイクルで割合が増えたり減ったりを繰り返していて、**その比率によって、季節が変わる**のだという理解です。

この考え方で暦《こよみ》を見てみますと、**「立春」は、陽の気が減少から増加に転じる日**で、この転じる勢いによって大地に生命が芽吹く、とされています。

「芽吹き」とは本当に不思議な現象です。いちど発生した植物や動物が成長していく過程は頭で理解できますが、芽吹きや発生については、現象そのものが不思議すぎて、何か特別なエネルギーが作用しているのではないかと思ってしまいます。小さな生き物の芽吹きに対峙《たいじ》したとき、人は宇宙的なエネルギーの作用を想起する、それは昔も今も変わらないのではないでしょうか。

春夏秋冬の節分の中で、立春の前日の「節分」だけが特別扱いされるのは、この「芽吹きの不思議さ」によるところも、大きいような気がします。

豆まきは、「邪気」を祓う呪術

春が立ち上がる「立春」の前日、すなわち「節分」は冬の最終日なので、陰の気を追い出さなくてはいけません。だから冬の季節の打ち上げ、つまり**節分祭は、「陰の追い出し会」**の様相を呈します。

陰陽思想の本家である中国の古典「禮記《らいき》」には、《土で造った牛＝冬の象徴》を門の外に追い出す行事が記されていて、この牛が、日本に伝わったときに節分の鬼になったと言われています。

日本では鬼は「隠（おに）」。隠れて形を表さないもののことを言いました。鬼は陰であり冬の象徴でもあります。これを追放するのが、鬼やらいの風習です。

鬼に投げる豆も、秋に稔る穀類で「陰」。穀霊《こくれい》と呼ばれる精霊が宿っているため、鬼を退治するのに向いています。さ

らにお豆を食べることで、お腹の中で「陰」を消化して消します。

節分の日に、門前に**「柊《ひいらぎ》鰯《いわし》」**を飾る風習もまた、陰の追い出し会の一環です。

鰯《いわし》は陰の気を消すお魚とされ、独特の匂いで邪気を祓います。鰯を焼くと出る煙にも、魔除けの効果があると言われます。焼いて食べたあとに、残った鰯の頭と、冬の植物である柊（陰）を門前にさらすことによって「陰よ、さようなら」します。柊の葉は尖《とが》っていますので、魔除けにもなります。もともと匂いの強いものも魔除けとして使われるので、鰯もまた、魔除けです。

というわけで、節分行事は、冬の最終日に極まった「陰」の気を追い出す、**陰陽道由来の呪術的行為**なのでした。

とはいえ、なんだかんだ、人々がゆく冬を惜しんで、最後に冬らしさを満喫しているようにも見え、これが呪術なのだとしたら、えらく楽しい術式だなあ、なんて思ってしまいますよね。

季節の行事を楽しんで遊ぶこと自体がお祓いになる

節分は、いろんなものが転生するチャンスでもあったようです。

いにしえの日本では、「物」が作られてから百年経つと、その「物」は意識を持った「付喪神《つくもがみ》」になると信じられていました。捨てられた古道具たちが付喪神として目覚め、人間に仕返しを企てるという面白可笑しいストーリーも、江戸時代には御伽草子《おとぎぞうし》（絵入りの短編物語）として親しまれていたようです。

御伽草子に書かれた付喪神のお話の中で、人間に捨てられた古文《ふるぶみ》（想像するに、漢文で書かれた古文書《こもんじょ》のことでしょう）が、同じく打ち捨てられた古道具たちに向かってこんなことを説教するくだりがあります。

「かつて人類草木の形ある事なし。然れども陰陽の銅、天地の炉に従ひて、かりに万物を化成せり」

「もともと人類も草木も、万物は区別がなく、陰陽の掟《おきて》に従って仮の姿を現しているだけである。人間は、たまたま人間になっているだけ。道具も、たまたま道具になっただけであり、もとは一緒くたのエネルギーである」と古文が説いています（その姿がまるで先生のようなので、文中で「古文先生」と呼ばれています）。

「天地の炉」、というのが、いかにも混沌《こんとん》とした宇宙のエネルギーを感じさせていいですよね。この「天地の炉」の中で、偶然の作用によって一時的に人間ができたり道具ができたりするのだという考え方は、一見、非科学的なものに思えます。でも、**すべてのものはそもそも同一なのだという世界観**は、多くの人が宇宙について考えに考えた末にたどり着く、ひとつの真理ではないでしょうか。

さらに「古文先生」は続けます。

「すべからく今度の節分を相待《あいま》つべし」

節分まで待て。というのです。

え？　どうして？　なんで節分？

大丈夫。「古文先生」はそれも説明してくれます。

「陰陽の両際反化《りょうさいはんか》して物より形を改むる時節なり。我らその時身を虚《きょ》にして、造化《ぞうか》の手に従はば妖物と成るべし」

「節分は『陰』が極まり『陽』へと転ずる直前。そこへ身を虚にして（体をゼロにして無心になり）飛び込めば、『陽』に転じて万物が改変される瞬間に、古道具もどさくさにまぎれて妖物になれるはずだ」と言っているのです。

「転生もの」の発想は、ずいぶん昔からあったのですね。もちろん古道具たちが妖物に転生したいのは人間に仕返しするためで、人間にとっては良からぬことなのですけれど、そもそも人間も草木も物も区別がないはずなので、古道具たちがそれを実行するのは、善でも悪でもないのです。

節分という日は、陰が極限に達して、増幅から減少へと転じようとし、陽は減少から増幅へと転じようとします。そのため、万物を作り出す炉の中がいったんカオスになる**「時の境目」**。

時の境目は、思わぬ出来事が起きたり、古道具が妖物になろうとしたりする、人間にとってよからぬものが発生しがちな、**危うい時間帯**です。季節の変わり目は体調を崩しやすい、というのも、やはり天と地の気のバランスの変化に、体が敏感に反応するためで、それが心にも作用する、こうした**心身への負の作用は総じて「邪気」と呼ばれます。**

そして、**節分の「鬼」の姿は、邪気を可視化したもの**でもあります。

鬼に向かって豆を投げるのは、陰の気に満ちた冬を追い出すという陰陽道的な行為であると同時に、厄災や邪気を祓う行為でもあるのです。

「でも、豆まきって、鬼のコスチュームをまとった人に豆を投げるプレイですよね。単なるお遊びじゃありませんか」なんてことをおっしゃる方もあるかもしれません。

それに対する答えは、「はい。遊びです。なぜなら、**遊びが一番、祓《はら》えとして強力だからです**」ということになります。

邪気を祓えるのは、無邪気です

無邪気な遊びが邪気を祓い、厄災を遠ざけるのです。天の岩戸にこもってしまったアマテラスオオミカミ（太陽神）を誘い出して世の中にふたたび光をもたらしたのも、神々たちが無邪気に踊り歌い遊ぶ姿でした。

お神楽《かぐら》や舞は「神遊び」とも呼ばれます。**季節の行事は、そんな神々たちの遊びを、私たちが真似《まね》している、**とも言えます。

「鬼は外」「福は内」と大きな声を出して豆を投げるのは楽しいですよね。この「大きな声」という音もまた〝祓い〟となります。邪気のない子どもはもちろん、無邪気に豆まきをする大人たちもまた、その無邪気さで、邪気を祓っているのです。

「遊びをせんとや生まれけむ」という言葉を聞いたことがあるでしょう。これは、平安期に編まれた歌謡集「梁塵秘抄《りょうじんひしょう》」の一節で、さまざまな解釈がなされていますが、この時代の「遊び」とは、真の自由な心の表れ、邪気を寄せつけない無邪気さを表しているようにも感じられます。

邪気を退治する最も強力な手段は、純粋な無邪気。**日本の季節行事の可笑しみや可愛さは、邪気を祓おうとする無邪気の表れ**なのだと思います。

梅一輪ほどのあたたかさを感じ取る。昼と夜の、香りの差を感じ取る

私のオフィスは神社の社務所です。文机が、お守りやお札をお授けする「授与所」と呼ばれるところにあります。

授与所の窓は映画のスクリーンのように大きく開き、その目の前を参道が横一直線に走っています。私はその大きな窓に対面する文机に座って、窓の外のご神木や、梅の木に来るモズやメジロ、参道を横切るネコやイタチやタヌキのすがたを借景にお仕事。朝一番に汲《く》んだ清らかな水で墨を摩《す》り、祝詞《のりと》や芳名帳やお札に筆文字で書いていきます。

書き物をするには寒さがこたえますが、節分を過ぎると日の光の色が春らしくなって、鳥たちの

来訪もさかんになり、心がすこし浮き立ちます。

地域によっても種類によっても、梅の開花時期には差がありますが、大阪の場合は、早咲きの梅が12月終わりごろからふくらみ始め、お正月明けから開花して、2月の節分ごろが盛り。遅咲きのものは3月まで楽しめます。

「あ、咲いた」

かすかな梅の匂いを感じると、思わず草履《ぞうり》をつっかけて外へ出ます。境内の梅の木に駆け寄り、梅の花にぐっと寄って匂いをかいでみると、あら？ 匂いがしません。ところがもう一度、10歩ほど離れてみると、ふわっとかすかに芳香を感じます。これが**梅の花の不思議なところで、すべてにおいて奥ゆかしい**。

ところが夜になると、梅はその印象を変えてきます。節分を過ぎてすこし春の気配を感じはじめる夜、ぜひ散歩に出てみてください。昼間にはそこまで感じなかった梅の花の香りが、全身を包むのを感じるはずです。そして、どこだどこだと探してみると、やっと梅の花が見つかるでしょう。**夜の梅は、まず香りが先にくる**のです。

「古今和歌集」に

春の夜の闇はあやなし梅の花色こそ見えね香やは隠るる

という歌があります。「春の夜の闇は意味ないよね、梅の花は闇で隠せても、香は隠せないから」というような歌ですが、「古今和歌集」が編まれた平安時代（905年）から千年以上経《た》ってもなお、梅は同じように、春の夜のたびに芳香を発して私たちに似たような感情を起こさせてくれるのです。なんて雅《みやび》な花でしょう！

そんなこと言われても、梅の木が近所にない。

とおっしゃる方は、お近くの**「天神」**や**「天満宮」**という名のついた神社へ行ってみてください。そこには十中八、九、梅の木があるので、境内に入るとふわっと梅の香りがするはずです。

というのも、天神や天満宮にお祀《まつ》りされている菅原道真は没後に神様として祀られ、天神様となられたのですが、人間だったころの彼は梅の花をたいそう愛したので、神様として全国的に祀られるようになってからも、その境内にご神木として梅の木が植えられることが多いのです。
そんな菅原道真がまだ子ども（11歳）だったころ、夜の梅について詠んだ漢詩があります。

月耀如晴雪　（月耀《げつよう》は晴雪《せいせつ》の如く）
梅花似照星　（梅花《ばいか》は照星《しょうせい》に似たり）
可憐金鏡転　（憐れむべし　金鏡転《きんきょううめぐ》り）
庭上玉房馨　（庭上《ていじょう》に玉房《ぎょくぼう》　香れるを）

最後に香りについての一行で締めた、大人っぽい詩です。梅を愛《め》でる文化はもともと中国のもの。梅を漢詩で詠んでいること自体、当時の最先端国である中国の文化に精通している道真の秀才ぶりを表しています。

そんな彼は、青春の大半を官僚試験の勉強に費やし、合格後は右大臣にまでのぼりつめましたが、権力闘争に敗れて大宰府に左遷され、失意のうちに亡くなりました。

その後に起きた、道真を左遷に追い込んだとされる人物の病死や、朝議中の清涼殿《せいりょうでん》への落雷などが道真の怨霊によるものとされ、**雷神から発展した天神信仰とあわさって、「天神様」**として全国的に祀《まつ》られるようになりました。

そして幼いころから大人になるまでずっと学問に身を捧げてきたことから、いまでは**学問の神様**として霊験《れいけん》あらたかなのです。

道真は人間時代、左遷されて大宰府に向かうときにもまた、梅の歌を詠みました。

東風《こち》ふかば匂ひをこせよ梅の花あるじなしとて春を忘るな

最後の5字については「春な忘れそ」とする文献もありますが、どちらにせよ、梅に対して「匂ひをこせよ」と語りかけていることには変わりありません。「をこす」は、送るという意味の「よこす」のこと。「君の匂いをこちらに送ってくれ」と、もう二度と会えない最愛の人に別れを告げているような歌で、私はいつも、この歌を思うと泣きそうになります。

この歌を聞いた梅の木が、のちに大宰府まで道真をおいかけて一晩で飛んで行ったという「飛梅伝説《とびうめでんせつ》」もあります。道真を祀る九州の太宰府天満宮には、樹齢千年となるご神木の「飛梅」が現在も花を咲かせます。こんな伝説からも、昔の人があらゆるものに神を見出して神話的なストーリーを無限に紡いできたことがうかがわれます。

梅の花は終わり方も奥ゆかしく、ぽろぽろと落ちるので、このさまを「梅がこぼれる」と言い表します。お洒落ですよね。日本語では、花の終わり方にもそれぞれに表現があって、**「桜散る、梅はこぼれる、椿《つばき》落つ、牡丹《ぼたん》崩れる、人は往く」**なんていう覚え方もあるそうです。花の種類で言葉を使い分ける遊び心。これも雅《みやび》ですね。

梅がこぼれると言えば……みりんをしぼったあとの粕《かす》、いわゆる「みりん粕」のことを、関西では「こぼれ梅」と呼びます。梅の味がするわけではなく、その形状が、こぼれた梅の花びらに似ているからついた名前で、酒粕同様、甘酒にしたり粕漬けに使ったりします。

ほんのり甘く、つぶつぶした食感も楽しい、大人のおやつでもありますが、アルコール度数は高め。春の晩にすこしだけ口に入れ、お散歩にでかけるのは如何《いかが》でしょうか。夜の梅がいっそう、匂い立つように美しく見えるはずです。

コラム

節句の話

日本では、1月7日、3月3日、5月5日、7月7日、9月9日を「五節句」と呼び、これらの日には季節の行事が各地で行われます。もとは古代中国にあった邪気祓いの日である「節句」の中から、江戸幕府がこの五つを選び定めたものですが、**身の穢れを落とすとともに、神様にお供えをする日**なので、「節供」とも書きます。

○1月7日は人日(じんじつ)の節句。新しい年に初めて行う若菜摘みの行事にちなみ、七草粥をいただきます。
○3月3日は上巳(じょうし)の節句。別名「桃の節句」です。ひな人形を飾り、菱餅《ひしもち》やはまぐりのお吸い物などをいただきます。
○5月5日は端午(たんご)の節句。菖蒲湯に入り、ちまきや柏餅をいただきます。五月人形やこいのぼりを飾ります。
○7月7日は七夕(しちせき)の節句。「たなばた」とも呼びます。七夕飾りをし、そうめんをいただきます。
○9月9日は重陽(ちょうよう)の節句。菊を飾り、菊を浮かべたお酒をいただきます。

ふだん「新暦」で暮らしている人は、節句も新暦で行うのが自然で無理がなく、運気にも良いと思います。ただ、新暦で動いている人でも、お住まいの地域で七夕など節句行事を「旧暦」で行っている場合には、ご家庭でも旧暦でするのが良いと思います。

なぜなら、人は住んでいる土地の神々に守られて毎日を生きているので、**〝地域がその神々と遊ぶ日〟に一緒に行う**方が、運気が良くなるからです。

3月

浄化して清まる

3月は浄化の月。桃花《とうか》水《すい》と呼ばれる雪解け水のように、流して、清めて、神様を呼び込みます。お酒と桃が、強力な味方になってくれます。

3月は浄化の月。鍵となるのは流水と清酒

神社の境内を竹ぼうきでそうじしていると、まるっこい雀《すずめ》が私の5メートルほど先に着地しました。くちばしから何かはみだしているので、よく見てみると、ミミズをくわえています。3月の初旬から中旬にかけては**「啓蟄《けいちつ》」**と言って、冬ごもりしていた虫たちが土から出てくる時期なのです。

生命が躍動しはじめる3月は、私たち人間にとっても活動が本格化する節目の季節。3月3日の上巳《じょうし》の節句はとても大切にされています。

もともと古代中国では**1・3・5・7・9の奇数が重なる日を節句**とし、不吉なことを除くための禊《みそぎ》や祓《はらえ》を行う慣わしがありました。3の数字が重なる**3月3日は「上巳の節句」**と呼ばれ、水辺で心身を洗い清める習俗があったそうです。日本でも、古代から水辺で心身を清めるという祓《はら》いの行為が行われてきました。

「この水に、酒の盃を流してもいいよね？」と、誰が言い出したのかわかりませんが、貴族のあいだでは「庭園に作った曲がりくねった小川の流れに沿って座り、上流から流れてくる酒の盃が自分の前を通りすぎないうちに詩を作り、盃を取り上げ酒を飲み、また次へ盃を流す宴」、すなわち**「曲水の宴《えん》」**が生まれ、奈良時代にはすでに祓いの行事として定着していました。途中、途絶えた時代もありますが、現在では京都の城南宮《じょうなんぐう》や太宰府の太宰府天満宮、平泉の毛越寺《もうつうじ》などで再現されています。

お酒は身を清める手段であると同時に、神々と交流しやすい状態になる手段でもあるのです。

神社でも、家内安全や厄除けなどのご祈禱《きとう》を受けると、最後にお神酒を一献《いっこん》いただきます。神様にお供えしたお酒をいただくことによって、体を浄化するお清めです。お酒を飲むことが浄化になるという概念は、「お酒で日々のうさを洗い流す」なんていう日本語の表現にも表れていますよね。

私は曲水の宴に参加したことはありませんが、お酒を飲みな

がら詩を作るのは楽しそうですし、流しそうめん的なおもしろさもありそうです。とはいえ、一般人が曲水の宴を開くのは、ちょっとハードルが高いですよね。

そこで、私は3月3日には**「酒風呂」**に入ることにしています。文字通り清酒をお風呂のお湯に入れて、入浴するのです。心身ともに浄化されるので、3月3日だけでなく5月5日も7月7日も9月9日も、つまり節句のたびにしています。

酒風呂って……曲水の宴と、ずいぶん違わない？と思うかもしれませんが、そもそもお風呂は身を清めるための場所。そこに清めの働きをする酒を足せば、浄化の効果ばつぐんです。さらに血流もよくなり、美肌効果もあるので、機嫌もよくなり、まわりの人にも優しくなれるから、結果的に運気も上がるはず。曲水の宴に負けず劣らずの行事だと思っています。

自分の家に神棚をおまつりしていて、日供《にっく》（毎日のお供えのこと）をしておられる方は、お供えしたお酒を下げてきて使ってもよいですし、1日と15日にお酒を替える方は、その日にしてもよいと思います。神棚にお酒をお供えしていない人は、酒風呂用に清酒を一瓶、酒屋さんで求めてもよいでしょう。もちろん、飲める方は、日々の息災に感謝して一献、いただいてかまいません。**肝心なのは、奇数が重なる節句の日には、かならずすること！**

これが神様と遊ぶこつです。

人形は、穢れを移して水に流すものだった

3月3日といえば私たちはひなまつりをすぐに思い浮かべますが、平安時代はずい分と違うものでした。3月3日の**上巳の節句**には、**人形に穢《けが》れや災いを移して水に流すこと**が行われていた、とされています。

平安時代に紫式部が書いた**「源氏物語」**の「須磨《すま》」の巻には、3月上巳の日に光源氏が陰陽師を呼んで祓を行い、人形を乗せた船を海に流す場面があります。

神社の神事は、基本的に平安時代に確立された形式を続けていますので、この「人形による祓い」の行事も、今に伝わっています。ただし上巳の節句ではなく、一年の真ん中にあたる6月30日

に「夏越《なごし》の大祓《おおはらえ》」として紙の人形（ひとがた、と読みます）に名前などを書いて自身の穢《けが》れを移し、それを水に流したり、火で焚《た》き上げたりすることによって祓うという儀式になっています。

一方で、貴族の幼い女の子がしていた「ひいな遊び」という、人形を使ったおままごと遊びもその頃からありましたが、これは江戸時代になって公家の女性が武家にお嫁に行く際に、嫁入り道具としてひな人形を持参したことで広まったと考えられています。

人形を流す祓いの行事と、中国の上巳の節句、そして「ひいな遊び」が結びついてできあがったのが、現在の「ひなまつり」だと言われています。そして、人形は流すのではなく、飾っておまつりし、菱餅《ひしもち》や桃の花をお供えする対象となったのです。

神話にも登場する桃は、仙木。魔除け効果は絶大

この季節、神社ではヒヨドリの「ヒーヨヒーヨ」、メ

ジロの「チュルチュルチュル」という声が聞こえて、境内に出てみると桃の花の蜜を吸いに来ている彼らに会うことができます。
そして、鳥たちが大好きな桃の木はまた、人間にとっても特別な存在です。

そもそも、**桃の木は、中国では仙木《せんぼく》と呼ばれるほど邪気を祓う力がある植物**。桃の種の核にある白い部分「とうじん」は、生薬として漢方にも配合され、体の中の悪いものを流してむくみを取る効果があります。日本でも弥生時代の遺跡からたくさんの桃の核が出土していることから、古代から生えていて、盛んに食べられていたと考えられています。
私のおつとめしている神社では、ふだんのお祓いや厄除けなどは木の棒と白い紙でできた**「祓串《はらえぐし》」**を左右左と振ることで成しますが、半年に一度の大祓で、大勢の人々の、積もり積もった穢れを祓うときには、**切ってきたばかりの桃の枝**を使っています。桃の枝は邪気を祓う力が強いので、大勢の積もった穢れを一気に祓えるからです。

「古事記」には、桃の実がイザナギから神様の名前を授け

られる場面があります。

男神のイザナギと女神のイザナミが、「いい女」「いい男」と声をかけあって性交し、イザナミが次々と国土を産んだことは1月のところで書きました。イザナミは国土を産んだ次に、石や風や海などその〝風土〟を司る神々を産み、さらには船などを作る〝生産〟の神、〝技術〟の神を産みました。人間が生活し、国の産業をまわすための〝火〟の神も産みましたが、この火の神を出産したことが原因で、女神イザナミは体の中から大やけどを負い、やがて死んでしまいます。

死んだイザナミは死者の国である黄泉国《よもつくに》へ旅立ちますが、彼女に会いたくてたまらなくなったイザナギは、黄泉国に会いに行きます。が、時すでに遅く、黄泉国の食べ物を食べてしまったイザナミは醜悪な姿になっており、その姿を見て逃げ出したイザナギに怒り、ヨモツシコメ（予母都志許売）という無茶苦茶強い女を使って追わせます。

イザナギは、なんとかヨモツシコメを振り切って黄泉国の出口付近まで来ましたが、怒りのおさまらないイザナミは、黄泉の軍勢千五百をさしむけてイザナギをつかまえようとします。ぎりぎりで黄泉の国の外に出たイザナギは、その境界に立っていた桃の木の実を三つもぎとり、軍勢に投げつけます。すると、黄泉国の軍勢はしゅるしゅると勢いを失い、退却していきました。**桃には邪悪なものを打ち祓い退ける霊力があった**からです。

これをよろこんだイザナギが、桃に「桃よ、ありがとう。国民が邪悪なものに苦しめられているときは、今みたいに、おまえが助けてくれ」といって、オオカムズミノミコト（意富加牟豆美命）という名前を授けました。という展開です。

おいおい。妻の言うことを聞かんかったうえに、妻を邪悪なもの呼ばわりかい。しかも桃に名前をつけるんかい。とは思いますが、このエピソードから、桃の花言葉には**「天下無敵」**という言葉があるのです。神話が先にありきというよりは、桃には古代から実際に、病気や、まがまがしいことを退ける力があった、その実績から、神話の大事な場面で登場したのだと思います。

日本神話とは関係ありませんが、フランス語では「私は桃を持っています」という言葉が「私は元気です」という意味で使われます。桃は、フランス人にとっても「元気の玉」なのですね！

※桃の実は、夏になります

桃の花を部屋に活ければ、天下無敵

桃の木は、枝を自由に伸ばし、咲くときにはそれら奔放に伸びた枝にたくさんの花を咲かせ、実をつけます。どこまでも奥ゆかしい梅の木とはまた違った、天衣無縫な育ち方をする桃の木を見ていると、「無邪気が邪気を祓う」ということに思い当たります。

桃の木が枝いっぱいに豊かに花をつけるさまは、富や子孫繁栄の象徴として、古くから愛されてきました。3月3日の上巳の節句が、別名**「桃の節句」**と言われるのも、ひなまつりで女の子の健康と幸福を願い、霊力のある桃の花をおひなさまにお供えするからです。

古くは奈良、平安時代から上巳の節句には、桃の花をお酒に浮かべた**「桃花酒」**をいただく風習があったそうです。これも、お酒の浄化の力と、桃の魔除けの力を授かるよう願いをこめた**厄除けドリンク**です。

ひなまつりが盛んになった江戸時代からは、白酒《しろざけ》という、蒸したもち米に、こめこうじ

（またはみりんや焼酎）を混ぜて仕込み、ひと月ほど寝かせたあとにすりつぶして作られた、とろみのある白いお酒をいただくのが流行しました。

現在は白酒によく似た飲み物として甘酒が主流になっていますが、原点に返って桃花酒をいただく人もまた増えているようです。酒器に桃の花を浮かべたすがたは、絵的にも映えるので、現代に向いていると言えるかもしれませんね。

ひなまつりのおかげで、3月のお花屋さんには、美しい桃の枝花が並びます。桃の枝花を部屋に活けると、**お部屋の中で桃の霊力が発揮されます**ので、季節感を楽しみつつ、活けてみましょう。

玄関や鬼門（北東の方角）に活ければ、強力な魔除けに。**居間**に活ければ、魅力や富の増幅にひと役かってくれます。

なによりも、桃が仙木であり、天下無敵であることを知って桃の花を眺めていると、なんだか力が湧いてきて、自分まで無敵になったような気になるから不思議です。

春は小さな旅で、流れる水に触れるのが吉。清き私に、なりにけるかも……

「万葉集」には、こんなすてきな春の歌があります。

石《いは》ばしる垂水《たるみ》の上のさ蕨《わらび》の萌え出づる春になりにけるかも

（志貴皇子 万葉集巻八）

春のはじめに芽を出したばかりの蕨《わらび》を、早蕨と書いて「さわらび」と呼びます。若葉がまだ開かずに先がくるっとまるまったさわらびは、早春の息吹そのもの。そんなさわらびが萌え出てくる春に、なりにけるかも……。という素直なよろこびが、「石ばしる垂水」の清涼感とともに心を洗ってくれる歌です。

先のまるまった**さわらびのデザイン**は、春を表すアイコンとして着物の柄や茶の湯の道具などに用いられますが、じつは神社の石燈籠《いしどうろう》にも使われています。六角形や八角形の石燈籠の笠の先端にある、くるっと巻いているような部分です。このようなさわらびの立体的な意匠は「蕨手《わらびで》」と呼ばれ、おみこしの屋根についていることもあります。

また、古墳時代から平安時代初期にかけて作られ、使われていた「蕨手の太刀《たち》」は、刀の柄《つか》の部分に蕨手があるもので、東大寺の正倉院御物《しょうそういんぎょぶつ》にもあります。蕨手は、ただ可愛らしいというだけでなく、**芽吹きの生命力を宿すという願い**も込められているのです。

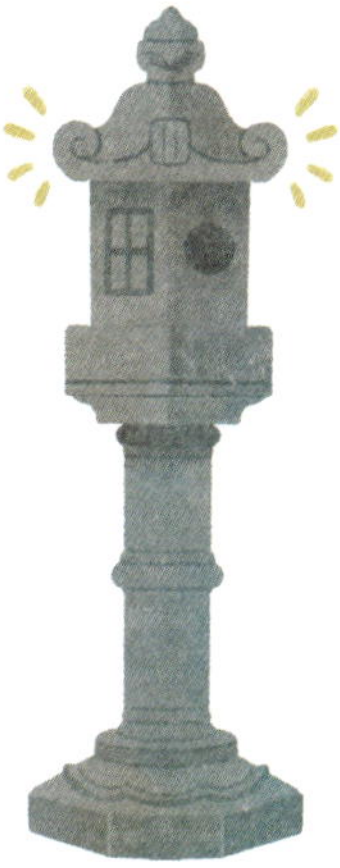

蕨手のデザインに願いを込めることのほかに、昔から、**萌え出たばかりの山菜など、すこし苦味のある春先のものを食べることで、その生命力をまるごと授かる、**という考え方があります。ふきのとう、わらび、ぜんまい、うるい、こごみ、たらの芽、せり、みつば、うど。3月はこれらのものを食べると、力が湧いて、運気も上がります。さっと揚げた天ぷらなんか最高ですよね。

この時期は桃の花が咲く季節なので、**雪解け水は別名「桃花水《とうかすい》」とも呼ばれ、これは春**

の季語にもなっています。その清らかで豊かな流れを見ていると、この水にザブンと飛び込んで流れていけたら、どんなに爽快なことだろうか！　と思いますが、実際にはできませんよね。だから「自分の身代わりとして人形を水に流す」というお祓いが生まれたのではないでしょうか。

考えてみれば、人形を水に流すというお祓いも、酒の盃を流す曲水の宴も、**清らかな水が豊富な風土だからこそできる行事**です。砂漠の民が聞いたら「なんですかそれ？」と思うでしょうし、アマゾンのようにピラニアやワニがいる川では危険すぎてできません。ミシシッピ川のように大河すぎてもむずかしい！　日本人の遠い祖先が、長い旅を経て日本の国土にたどり着いたとき、あちこちを流れる清らかな水に感動したはずです。その遠い記憶が、日本人の「流れる水好き」に、つながっているように思えてなりません。

3月の休日には、**湧き水や名水など、流れる水を求めて小旅行に**でかけてみることをおすすめします。その水流を眺め、音を聞き、水に手を触れ、飲める水であれば飲むことで、心身が清まり、いにしえびとのように、神々と仲良くなることができるからです。

4月

未来をお祝いする

未来のことをあらかじめお祝いする「予祝《よしゅく》」は、古来の祈願のしかた。桜の咲く季節は、お花見という予祝で、美意識も同時に磨くことができる絶好のチャンス！

もともとお花見は、神様と遊ぶ宴会だった

日本では、花と言えば桜のこと。花見と言えば桜を見ること、ですよね。桜の開花予想が気象予報の会社から発表され、各地の開花予想日を結んだ線を「桜前線」なんて呼び、「咲いた？　まだ？　どうなん？」と、老若男女がその開花を待ちわびる。桜の開花を待つ私たちの行動は、さながらお祭りのようで、**「まつり」という言葉が、神的存在を「待つ」からきている**――という説を思い出させます。

開花を待つことを楽しむため、日本の各地には開花の目印となる桜の木があり、「標本木《ひょうほんぼく》」と呼ばれています。標本木は全国各地に58本あって、それは都道府県の数より11も多いのです。広い県や離島を考慮しているとはいえ、どれだけ細かく桜の開花が知りたいんだ、と思いますよね。こんなふうに

日本人が熱烈に桜の開花待ちをするのは、外国人から見たら、謎の現象なんじゃないでしょうか。

天神さんこと菅原道真公が梅をこよなく愛した件は、2月のところで書きましたし、桃だってイザナギから神の名をもらっています。けれど、梅や桃を愛《め》でる文化は、もともと中国由来のもの。それに対して、桜を愛でる風習は、日本発なのです。

この国で、最初の一輪が咲いたかどうか、開花したかどうか、無茶苦茶期待されて、熱心に報道されるのは桜だけ。いったいどうしてなのでしょう？

ここでは、**「桜の開花は、桜の木に田んぼの神様が宿ったしるしだから」**というすてきな説をご紹介します。

古代、稲作が始まったころは、身の回りの自然環境を把握して、米作りのスケジュールを決めていました。春夏秋冬のあるこの島では、樹木や動物の変化が、暦を知る手段でした。稲の種もみをまくのに絶好のタイミングは、桜の花が咲き、キツネが山里に出没する時期。そこで人々はこう考えました。

稲（田んぼ）の神様は、春になるとキツネに導かれて山から降りてくる。
山から降りてきた稲の神様は、桜の木でお休みになり、桜の花を咲かせる。

ご存じのとおり、お稲荷《いなり》さんと呼び親しまれている稲荷神社には、キツネの像がありますよね。稲の神様はキツネに導かれて人々のところに降りてきてくれる、という信仰があるからです。

この、稲の神様。古くは「サ」と呼ばれていたそうです。田植えはサの神事なので、神社や小屋にこもって穢《けが》れを祓《はら》った「サ乙女」が行い、植えた苗は「サ苗」と呼ばれ、田植えが終わったらサが天に昇る「サナブリ＝サ昇り」という儀式を行いました。

そんな、稲の神様「サ」が鎮座する「座＝クラ」だから、桜の木に「サクラ」という名がついたという説があります。もちろん語源については諸説あるので断定的には言えませんが、桜の木が、田の神の依《よ》り代《しろ》とされてきたのは事実で、現在でも、田んぼに水を引く入口に、桜の枝を立てて田の神を呼び込む風習が残る地域もあります。

日本人の祖先は、サクラの木に宿った稲の神様に見守られて田植えを行い、稲の神様を言祝《ことほ》いで豊作を祈り、サクラの木の下で宴会をしたのです。**もともと、米作りそのものが神事だった。**だから、現在でも、お田植え神事を行っている神社が全国各地にあります。

いま、桜といえば江戸時代に交配で作られたソメイヨシノが主流で、沖縄と北海道以外、標本木はソメイヨシノ。実はその開花と稲の田植えはかならずしもシンクロしません。それに私たちの大半は、米作りから離れていて、いつ種もみをまいて、いつ苗を田に植えるかなど、くわしい過程を知りませんよね。

それでも桜の開花を待ちわび、熱狂的によろこぶという、古代人さながらの反応をしてしまうのは、**桜の開花がサの神様の到来を意味している**という記憶が、なんらかの形で私たちの体に残っているからかもしれないなあ、と私は思うのです。

最近では、生物の後天的な学習行動や環境情報が遺伝子に記録されるという研究もあります。ひょっとしたら、桜の開花が、日本人の遺伝子に残された記憶を刺激して、私たちをうきうき、そわそわさせているのかもしれません。

春に桜が咲くと、なにか新しいことを始めたくなるのも、きっとそのせい。だから4月は、体の内なる声に素直になり、新しいことをはじめるのが、運気をあげるこつです。

ささやかでもいい。**ふと思いついたこと、直感で「いいな」と思うこと、気持ちいいことを、とりあえずやってみるのが吉と出る月**なのです。

日本の学校や会社が4月を年度始めにしているのも、それが日本人の体にとって自然だからなのでしょう。


勘のいい人なら、もうお気づきですよね。

桜の花の下で、宴会をするお花見もまた、そもそもはサをお迎えして飲食を共にし、秋の収穫を先にお祝いする「予祝《よしゅく》」の宴会だった、ということに。だから、神様と仲良くなるためにも、春にはお花見しなくちゃ！　ということに。

ん？　予祝ってなにサ？　については、今からお話ししますね。

未来の良きことを先にお祝いする「予祝」。春のうちに秋の実りを祝う

突然ですが、想像してみてください。

あなたは今、木の実を採取して食べている縄文人です。いつものように腹をすかせ、フリーな感じでぶらぶらしていると、向こうのほうの、実がなる木に、花が咲いているのを見つけました。

よっしゃあ。実がなる時期に、またあの木のところに行ってみよっと。

と、うれしくなって、小躍りするでしょう？　そして、好きな人と一緒に行こうと思ったりするかもしれません。頭の中のそんな計画だけで、幸せな気持ちになりますよね。

もともと、**すべての花は、美しいものである以前に、実りの兆《きざ》し、前兆**でした。花がたくさん咲けば、ああ、あの木には今年も実がたくさんなるのだなあ、とわかります。

古くから、**花はすこし先の良きことをしめす「吉兆」**なのです。空間に生花があるだけで気分が上がるのは、それが吉兆だからなのかもしれません。

さて、桜の花は、春になって田の神が宿ると開花する、というお話は前述しました。

桜の花がいっせいにぱぁあっと咲くということは、田の神様がぐんぐん活気づいているということ。田の神様が元気ということは、秋の豊作が期待できるということ。

だから日本人は、桜が開花したかどうか気にして、開花したら、できるだけたくさん、たっぷり長く咲いていてほしいと願います。それが秋の豊作の予兆になるからです。

満開の桜の下で宴会をする「花見」は、そうした願いをこめて、**秋の豊作を先にお祝いする「予祝《よしゅく》」**なのです。

「予祝」とは、未来に起こってほしいことを、あらかじめお祝いするという、古来の祈願のしかたです。神社で行われる春祭りの多くは、秋の豊作を、先に氏神様とお祝いする豊作祈願でもあり、これには**「口に出した言葉の内容が、現実になる」という言霊《ことだま》信仰**がベースにあるのではないかと、私は思っています。

春祭りもそうですが、神社のお祭りには、かならず**「直会《なおらい》」**という宴会が含まれていま

す。おごそかな神事のあと、神様にお供えした食べ物やお酒を、神様とともにみんなでいただき、和み、楽しむ。**神様と同じものを食べることにより、神様と一体化する**のです。

お花見は、花の下で、田の神とともにむつび和らぐ「直会」といえます。ですから、**そこで飲食するものは神様へのお供え**でもあるのです。そう考えると、おのずと美しいものを選ぶことになりますし、お酒の飲み方も変わってきますよね。どうしたって、**はんなり、美しく、楽しく飲む**ということを意識すると思います。そんな「雅《みやび》な」お花見は、私たちの心を豊かに満たします。

桜の時期に百貨店の地下食料品売り場に出かけると、そこには、老舗料亭をはじめ、たくさんのお店が腕をふるったお花見弁当が、華やかに並んでいます。お値段は張りますが、その美しさといったら、神々に捧げ、神々とともにいただくのにふさわしいものばかり。やはりこれは、花見が神事であったという歴史を、無意識に意識している商品なのではないか、と神職の私は思ってしまいます。

お花見弁当手作り派の人も「これは神様へのお供えだ」と思って作ると、新しい美意識のスイッチが入るでしょう。写真映えとも違う、**神様映えする美**を追求するからです。

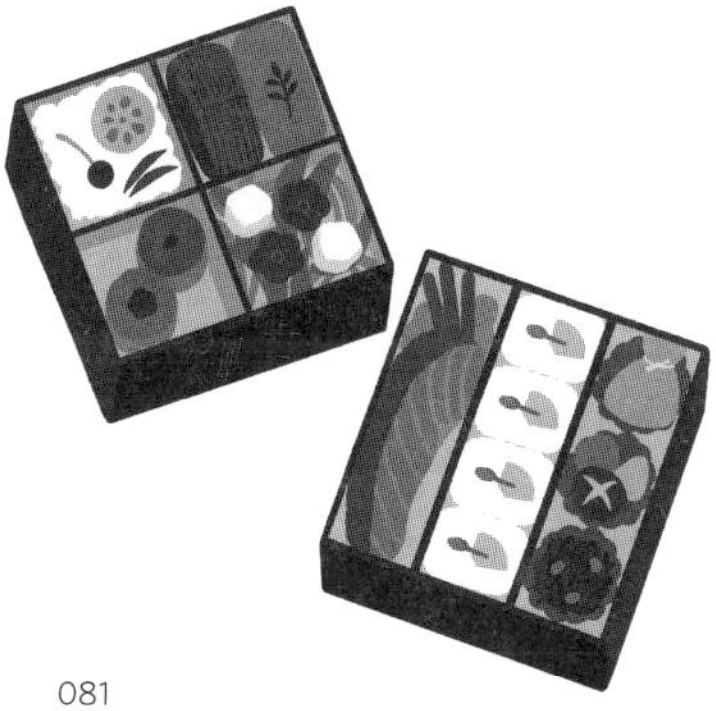

〝神様映え〟させるにかぎる！

いきなり、「神様映え」と言われても、謎ですよね。もちろん、神社の専門用語ではありません。**神様に捧げるにふさわしい、清く、めでたく、おもしろく、雅《みやび》で、美しい感じ**をひとことにまとめた、私がよく言うせりふなのです。

神社では時々、巫女《みこ》さんに日々のお供えもの＝日供《にっく》を作ってもらうことがあるのですが、そんなとき、彼女たちはかならず聞いてきます。

「これってどうするのが正解ですか？」

もちろん、基本のお供えのしかたは最初に教えてありますし、作ると言ってもうちのお社《やしろ》の場合、日供は野菜や果物、海の幸、山の幸の素材まるのままを「三方《さんぼう》」という木の台に盛りつけるだけ。私はりんご五つを巫女さんに、はい、と渡して

「センス」

と言います。

すると彼女たちは「えええー。私センスないんですー」と困りながら、目の前のりんご

を見つめます。大概は、不思議な形のお供えができあがるのですが、ある時、りんごそのものの美しさの正体をぐっとつかんで、神様映えするお供えものができることがあります。これが、美の発見の成功体験です。

もともと、美的センスが壊滅的だった私も、この成功体験をくりかえすことによって美的感覚をすこしずつ、はぐくんできました。そのおかげで、**世界は神々への美しい捧げものにあふれている**ことを知り、いまでは毎日が感嘆の連続です。社寺仏閣や美術館を、おいしいものを食べるように味わうことができます。

こうした美しいものを発見する感覚は、まずその人のふるまいを変えます。やがてその美的センスが毎日の起き伏しにまで表れるようになり、それが美しいものごとを引き寄せるようになっていきます。巫女さんたちを見ても、自分自身の体感としても、それは間違いありません。

精神的な美しさは心と体を健やかにし、それが幸福度の高さにつながってゆく。このことに、年齢や性別は関係ありません。

というわけで、お花見は神様とともに楽しむ予祝であることを意識して、桜を見におでかけしませんか。お供えもののように美しくおいしいお弁当を用意し、神様と一緒に和やかに飲み食べする。お酒が飲めなくても、丁寧に入れたお茶を神様と一緒にじっくり味わっていただく。**秋の豊作や、みんなの幸せ、それから、自分の小さな願い事も予祝してみる。**それだけで、いつもとまったく違うお花見になると思います。

4月は唯一無二の自分を発見する月です

4月は花の月。**お釈迦《しゃか》様の誕生をお祝いする月**、ということをご存じでしょうか。キリスト様の生誕を祝うクリスマスは誰もが知っているのに、お釈迦様の誕生を祝う日、**灌仏会《かんぶつえ》**については、意外と知られていませんよね。

お釈迦様の誕生日は正確にはわかっていませんが、日本では7世紀ごろに仏教が伝わってからずっと、4月8日に誕生をお祝いしてきました。ちょうど花が咲く季節ということもあり、日本らしく「花まつり」とも呼ばれ、お寺では花に囲まれたお釈迦様の誕生仏(誕生の瞬間の姿をした仏)に甘茶《あまちゃ》をかけて祝う行事が行われます。甘茶はアマチャという植物から作られる甘いお茶のこと。お釈迦様が生まれたとき、九頭の竜が天から芳《かんば》しい甘露《かんろ》を吐いて産湯を満たしたという伝承にちなんでいます。

インドのルンビニーの花園で生まれたお釈迦様は、生まれてすぐに7歩あるいて

「天上天下唯我独尊」

と言われたと、伝えられています。

「天上でも天下でも我一人が尊い」

なんてかっこいいことを言う赤ちゃんなのでしょう!

知り合いの僧侶にこの言葉の意味を聞いてみたところ、「解釈はいろいろあるが、人は、一人ひとりが、天上天下にたった一人、独自の存在であり、何ひとつ付け加えることなく、生まれてきた命のままに尊い、ということの発見だ」と言うのです。

わー。と思いました。それは、私が日々、神社で赤ちゃんのお宮参りのご祈禱《きとう》をしているときに、体感していることだったからです。

生まれてひと月の赤ちゃんが、初めて神社にお参りする「初宮詣《はつみやもうで》」、いわゆる「お宮参り」は、その土地の神様（氏神さん）が治める氏地《うじち》に、新しい氏子《うじこ》が誕生したことを奉告《ほうこく》し、神様と氏子が初めて対面する儀式です。

祝詞《のりと》を上げるとき、神職の私は、神様と赤ちゃんの間に立ちます。初めて対面する神様と赤ちゃんは、言葉ではない手段でさかんに交信しているのでしょうか。その間に立っていると、まるで、静かで強烈な磁力にサンドイッチされ、私の細胞のひとつひとつが更新されるかのように感じるのです。声を出して祝詞を上げているうちに、体中のめぐりがよくなって、心なしか、肌もつるっとします。

赤ちゃんの体そのものから、強烈な尊さが、放たれている。ものごころも、スペックも、なーんにもついていない、生まれたての赤ちゃんは、まさに「天上天下唯我独尊」ビームのようなものを発していると感じます。

とはいえ、赤ちゃんはすぐに自我や欲がくっついた幼児になり、やがて、複雑ないろんなものがくっついた大人になってゆく。生きるってそういうことだから仕方ない。でも、そのくっついたいろんなもの、すなわち穢《けが》れが、心や体の病につながってしまう……。だから私たちは、季節の行事ごとに、さまざまなスタイルで、身にくっついたものを祓い清め、できるだけ生まれたての尊い状態に近づこうとするのですね。尊さは失われても、なんとかそこに戻ろうとします。そう思ってみると、私たちは意外とけなげな生き物です。

さて、**花まつりのある4月は、お釈迦様が生まれたときのように、唯一無二の自分を発見する月です**。その方法は、人によって違うと思いますが、私が実践していることを一例としてご紹介しますね。

その1、朝の瞑想

朝、とくに日の出は、一日が生まれる時間。日の出に立ち会うことで、自分も新しく生まれます。窓を開け、空気を入れ換えて、体の細胞がすべて入れ替わるのをイメージします。そして5分程度の瞑想《めいそう》をして、流れてくる考えをただ見つめるようにします。尊い日の出の時間帯にはダークな考えは流れてきませんので安心してください。こうして一日の始まりに静かな時間を持つと、自分の中に清らかな余白ができます。すると、その**余白に、よきことが舞い込んできます。**

その2、寝る前の、よきこと日記

眠りにつく前、手書きで、その日にあった10の「よきこと」を書きます。バスの車窓から見える景色が青くてきれいだったとか、もふもふの柴犬が座って動かずにおまんじゅうみたいになっているのを通りすがりに目撃したとか、そんな感覚的な「よきこと」を、短く書き出します。

不思議ですが、ものを書くということを続けていると、書かれるべきことが起きるようになります。**毎日、おもしろかったことを書けば、おもしろいことが起きるようになるし、よきことを書けば、よきことが起きるようになる。**

それは、書くためにアンテナを張っているから、キャッチしやすくなるだけじゃないか、と思いますよね。たしかにその通りです。「身の回りでは、おもしろいことやよきことが

次から次へと起こっているが、**自分が感じなければ、起こっていないのと同じ**」で、発見することで初めて「起きる」とも言えます。

書くという行為は、「現象を発見すること」で、それは、「現象が起きるということ」と同じです。言葉が生まれたとき、それが呪術として機能していたように、文字が生まれたときも、それは呪術だった。だから、手を動かして、書く必要があるのです。一日10書くと、10日で１００、ひと月で３００のよきことが書かれた唯一無二の日記ができ、それは同時に、**未来によきことが起きるおまじないでもあります**。

朝と晩、この二つの方法でまわりの現象を発見し、見つめ、味わうと、自分という存在も、「現象」として感じられるようになります。

たとえて言うなら、自分のことが、蒸気のように思えるのです。山の木々から、ふわっと立ちのぼる、あの蒸気。

なにひとつ同じものがなく、現れては消えていく。そんな自由で唯一無二の存在としての自分を、発見できると思います。

コラム

太陽の暦と月の暦

現在、世界のほとんどの国で使われているのが「太陽暦」という、太陽の運行をもとにした暦です。

日本もここ150年あまりはこの「太陽暦」を使っていますが、明治５年の改暦までは、月の満ち欠けを基準にした「太陰太陽暦」という暦を使っていました。これが**「旧暦」**と呼ばれるものです。

神職というお仕事のうえで、古典や大正時代以前の文献、記録に当たることが多い私は、新暦の横に、旧暦の日付もついている手帳を使っています。

手帳には、毎日の習慣が実行できたかどうかを日ごとに書き込んでいるのですが、あとから見返してみると、「筋トレ」や「勉強」などを連続して行えているのは、旧暦の１～15日、つまり新月から満月に「満ちてゆく」期間です。

逆に、旧暦の16日から28日まで、つまり満月から新月に向かって「欠けてゆく」期間には、捨て活やデトックスがはかどっています。

こうした生活のメリハリは体の調子を整えてくれ、習慣化したいことも楽にできて、運気が向上しているという実感もあります。

一日の間では、日の出とともに起きて太陽の光を浴び、ヨガや瞑想をすることで運が上がりますし、年間では、冬至、夏至、秋分、秋分をはじめとした季節の節目を目安に、行動の見直しをしたり、新しいことに挑戦したりしますので、**太陽の運行をもとにした暦を運気の向上に役立てている、**と言えるかもしれません。

太陽も月も、人間のすこやかさにかかわりの深い天体です。二つの暦と軽やかに親しくつきあって、じょうずに運を開いていきたいですね！

5月

植物の香りでととのう

若葉と若草の季節に、そのアロマを使って心身をすこやかに保つ方法。ヨモギや菖蒲《しょうぶ》など、日本古来の香りを最大限に活用します。

若葉と新緑の季節に、その力をいただく知恵

5月は**若葉の季節**です。そして、**風の季節**でもありますよね。

神社の社務所の窓からも、楠《くす》や榊《さかき》の葉が、風で揺れているのが見えます。5月の風は、境内に吊るされているたくさんの絵馬を、カラカラと鳴らしてゆきます。風そのものは目に見えないのに、揺れる青葉や、絵馬が立てる音によって風が見えるという、すばらしい現象。「青嵐《せいらん》」や、「風青《かぜあお》し」などの言葉がぴったりの時期です。

常緑樹の葉が生え変わるころ、神社では、毎日2時間ずつ境内の落ち葉そうじをしますが、朝、かんぺきにおそうじをしても、夕方にはもとの状態になっています。風が強かった日など、社務を終えるころには斎庭《ゆにわ》に敷きつめられた白い玉砂利《たまじゃり》が見えなくなるほど、落ち葉が山盛りになっています。

樹齢百年近い古木であろうとも、古くなった葉をあっさりと捨て去り、つやつやとした

新鮮な青葉を生やす。その姿を見ていると、植物の代謝の力に感嘆し、あやかりたい、という気持ちが湧いてきます。

植物の生命力、健康で静かな美しさ、薬効、そして香り。

人間が太古の昔からそれらを尊いと感じ、神様としてあがめたり、神様にお供えしたりしてきたこと、さもありなん、と思う5月です。

神事で神様に捧げる「榊」

神棚にお供えしたり、神事で拝礼するときに神様に捧げたりする「榊」の葉は、漢字では木へんに神と書き、**「神と人との境目に生える木」**あるいは**「栄える木」**から「さかき」という名がついていると言われます。

京都市内の神社へ研修に行っていたとき、「榊の枝を切ってきてください」と、高枝切ばさみを渡されて、宮山《みややま》（神社地の山のことを私たちはこう呼んでいます）に入っていったことがあります。

榊の葉はいつも見ているからすぐわかるはず、と思っていたのですが、山の中は似たような常緑樹がところせましと生えていて、どれがどれだか、区別がつきません。ま、どれ

でもいっか。見た目変わらないし。と思って切ろうとしたところ、

「桃虚さん、それは榊ではないです！」

との声。先輩の神職さんが、心配して様子を見に来てくれていたのでした。

「ほら、幹がつるっとしているのが榊ですよ」

と教えていただき、無事、神事に使う榊の枝葉をとることができました。

とった枝葉をよく見てみると、榊の葉はふくよかな楕円形をしていますが、先は思ったより尖《とが》っています。神様が降りてこられる依《よ》り代《しろ》として榊の葉を立てたときに、張りのあるつやつやした葉が一斉に天のほうを向きます。よく見ると、すべての葉の先端は尖って天を指しているのです。常緑樹のつるっとしたイケメンだから、神様の依り代に選ばれたのだなあ、と、納得しました。

屋根の上に、「霊力のある植物」を

5月はまた、田植えの季節でもあります。

その昔、田植えは、稲の神様「サ」が田んぼに命を吹き込む神聖なお祭りでした。この

時期にあちこちの神社で行われる「お田植え祭」は、それを今の世に伝えるものです。実際に神様にお供えするお米（「御饌米《みけまい》」といいます）専用の田んぼで実際に田植えをするお祭りもあれば、境内で、「早乙女（サおとめ）」の装束をまとった女性たちが、田植えの仕草をする形式のお祭りもあります。

「早乙女」というのは、お田植え神事で、田の神様にご奉仕する女性たちのことです。

古代、早乙女たちは、田植えに備えて「忌《い》みごもり」をしました。忌みごもりというのは、神事において神様に近づく人が清い状態でいるために、神事の前に外部との接触を断って家にこもることで、私たち神職も、大事な神事の前に忌みごもりをすることがあります。

早乙女たちの忌みごもりは、集落のうちの一軒に早乙女だけが集まり、その家の屋根に、清めの**霊力のある植物、「菖蒲《しょうぶ》」と「ヨモギ」**を葺《ふ》いて、早乙女たちだけで、一晩そこで過ごすというものでした。屋根の上に霊力のある植物を載せると、その霊力が建物全体に

ゆきわたり、バリアのように外部の穢《けが》れや邪気から守ってくれると信じられていたのです。

古式には、「忌みごもりのためだけに仮の家を建てた」、とも伝えられています。簡易的に建てられた仮家ですから、屋根に載った菖蒲やヨモギの香りが、ダイレクトに家の中にあふれたのではないかと思います。

この「女の家」と呼ばれる風習は、関東から西に、広く存在していたと言われます。屋根を葺《ふ》く菖蒲とヨモギの量が多ければ多いほど、「お清めを万全にした」ということになるため、早乙女たちは屋根に盛る菖蒲やヨモギの量を競った、とも伝えられています。まるでおとぎ話のようですね。

毎年5月5日に**京都の上賀茂神社で行われる「賀茂競馬《かもくらべうま》」**という神事があります。この神事の前に、競馬の勝利を予祝する行事として「菖蒲の根合わせの儀（根の長さを比べあうもので、詳しくはP116）」というものが行われます。菖蒲は、神様が競馬をごらんになる「頓宮《とんぐう》」という建物の屋根に載せられて、頓宮をお清めするアイテムの役目を果たしたりもします。

私の生まれた国、インドでも、**植物の香りは空間を清めて神様と人とをつなげる役目**を担っています。たとえば、ヒンドゥー教徒が行う「アールティ」という儀式では、樟脳《しょうのう》をランプに焚いて香りのよい煙を立て、神像や家庭の祭壇の前に立って、ランプを時計まわりに7回まわします。そのあと、この香りのよい煙に手をかざして、自分の額や頭に触れます。これによって、**神様との精神的なつながりを深める**のです。

「ヨモギ」の香りに、清少納言も「をかし」

清少納言は、**「枕草子」**の「五月ばかりなどに山里をありく」の中で、

蓬《よもぎ》の車にをしひしがれたりけるが、輪のまはりたるに、ちかううちかゝりたるもをかし（=ヨモギの葉が牛車の車輪におしつぶされてくっつき、車輪がまわるたびにその香りがふわっとしてくるのが「をかし（すばらしい）」）

と言っています。

これは、ゆっくりとまわる牛車の車輪だからこそ成り立つ「をかし」で、今のような自転車や自動車では成り立ちません。私たちは速さと便利さを手に入れたかわりに、このような情緒を失ってしまいましたが、こうして清少納言が書き残してくれたおかげで、その「をかし」を知ることができますね。

食べ物としてもヨモギは優秀です。栄養としてはビタミンA、B_1、B_2、C、Kが豊富で、ビタミンKは野菜の中でもトップクラスの含有量。それに、カルシウム、カリウム、鉄などのミネラルが豊富。さらにほうれん草の3倍のβ《ベータ》-カロテンや、殺菌作用と活性酸素をおさえるはたらきのあるクロロフィルを含んでいます。

私のおつとめしている神社の近所に、神様用のお餅を納めてくださるお餅屋さんがあるのですが、5月5日にはかならず、**柏餅**の「白」と「ヨモギ」をお供えしてくださいます。しかも神様用だけでなく、人が食べる用も持ってきてくださる。中のあんこは一緒ですが、ヨモギを練りこんであるお餅生地のほうが風味絶佳、二つ、三つと手が出てしまいます。

そうそう、**柏の葉は、子孫繁栄を意味するおめでたい葉**で、神社では

古来、神饌（お供え物）を載せるお皿の役割も果たしてきた葉です。柏餅は5月5日の行事食。昔から福徳開運の効果があると実感されて続いてきた、いわば、間違いない**開運スイーツ**ですから、この時期にはぜひ食べたいですね。

「鎮守の森」の植物のアロマで心身を祓う

5月のある日、神社にある大きな栴檀《せんだん》の木の下で、おそうじをしていたときのことです。落葉はひととおり済んで、青々とした葉と、薄紫の小さな花が、たなびく雲のように咲いていて、真下の空間は、チョコレートと抹茶の粉をまぜたような、甘い香りに満ちていました。

「神社」は**神の社《やしろ》**と書きますが、「社殿」と、それを囲む植物たちの「**鎮守《ちんじゅ》の杜《もり》**」とが一体となったもののことです。杜《もり》のほうがメインであることも、めずらしくありません。山や池、滝などの自然物こそがご神体で、社殿はそれらを拝む人間のためのものだったりするのです。ですから神職は、社殿よりも、杜の中にいる時間のほうが、もしかしたら長い

かもしれません。そんなわけで、杜《もり》の中で植物の芳香に包まれている時間が長いのですが、息をするたびに体の中が浄化されていくのを感じます。

5月は薬効のある植物の香りでお祓いをする月。ヨモギの次は「菖蒲《しょうぶ》」についてお話しします。

サトイモ科の菖蒲は、剣のような葉の形と、独特の芳香で、古くから**「霊力のある植物」**として神事に使われてきました。ヨモギと菖蒲の葉で屋根を葺いた家にこもる「忌みごもり」について前述しましたが、菖蒲は、ほかにもさまざまな方法で祓いに使われます。

たとえば、菖蒲の葉で冠《かんむり》を作って、頭に載せるという方法です。

日本には古代から、寿命を延ばす呪術として、「蘰《かずら》を頭につける」という術がありました。蘰というのは植物で丸く編んだ冠のようなものです。それを髪の結び目につけたり、枝や茎を髪にさしこんだりしたのですが、貴族の男性の場合、公務のときは冠、私的な場面では烏帽子《えぼし》をかぶっていましたから、菖蒲の葉は冠の根本に巻いたり、烏帽子につけたりしていたようです。

ちなみに、**現代の神社の神職は、平安時代に確立された貴族のスタイルを踏襲しています**ので、厄除けなどのご祈禱《きとう》のときにつけている装束は、貴族が私的な場面で着用していた「狩衣《かりぎぬ》」ですし、頭には「烏帽《えぼ》子《し》」をかぶっています。また、例祭でつける装束は「衣冠束帯《いかんそくたい》」で、頭には「冠《かんむり》」。

これは、貴族が朝廷に参内するときの格好と同じです。ですので、私たち神職にとっては、平安貴族がでてくるドラマのほうが、戦国時代のものより違和感なく、まるで日常の延長のように見えるのです。

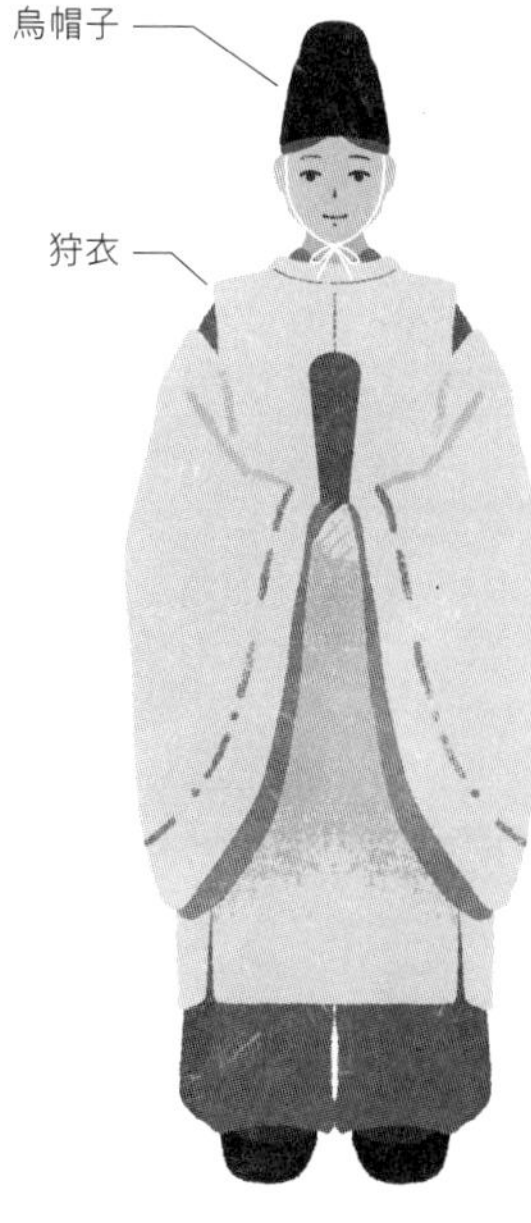

話を菖蒲の蘰にもどしますね。

奈良時代、天平19（747）年5月5日のこと。聖武天皇が南苑で「観騎射走馬《きしゃはしりうま》」という行事を行ったさい、「昔は5月の節句には菖蒲で蘰《かずら》を作って、それを頭に載せて参内していたのに、いまではこの習慣がなくなっている。今後は、菖蒲蘰《しょうぶかずら》をつけてくるように。つけていない人は、宮中に入ってはいけない」と詔《みことのり》をくだされたという内容が、

「続日本紀《しょくにほんぎ》」に書いてあります。イベント好きの私としては、「その日だけに着用するもの」や「一日限定」が大好きなので、聖武天皇に大賛成なのですが、この詔から察するに、どうやら一時は、宮中で菖蒲蘰の風習がすたれていたようですね。

それにしても「頭に葉っぱの冠」という構図は、既視感《デジャヴュ》を覚えてしまいます。古代ギリシャ人が月桂樹の葉で作った冠を頭に載せている姿が浮かぶからでしょうか？

月桂樹は、古代ギリシャのアポロン神に関連付けられている聖樹で、詩や音楽などの芸術分野での成功を象徴しているほか、医学や健康とも結びつけられていました。芳香を放つ月桂樹の葉を冠にして頭に載せることが、すこやかなる者の「栄光のしるし」だったのです。

ヨーロッパと東洋。文化は違えど、「植物の香り」の効用に対する感覚は共通しているのでしょう。月桂樹の冠も、菖蒲の蘰も、**植物の香気を脳に送り込み、頭の中を祓って健康になる、それによって無敵になる、成功する、勝利する、というポジティヴなメッセージ**があるように思います。イタリアやフランスでは、今でも大学の学位授与式などで月桂冠を身に着ける風習があるのですから、日本でも、菖蒲の蘰をふたたび流行らせたいですね！

菖蒲湯、菖蒲酒、菖蒲枕。菖蒲の霊力を全方向から取り入れる

奈良、平安のころからお祓いの具として使われてきた菖蒲《しょうぶ》は、江戸に入ってからも庶民のあいだで5月5日の行事植物として人気があったようです。

江戸末期の絵入り年中行事記「東都歳事記」には、5月5日の候に

「家々軒端に菖蒲蓬をふく。菖蒲酒を飲み、また、ちまき柏餅を製す。小児菖蒲打の戯れをなす」

と書いてあります。家の軒《のき》を、ヨモギや菖蒲で葺《ふ》いて、菖蒲酒を飲み、ちまきや柏餅を作る。そして子どもたちが「菖蒲打《しょうぶうち》」という遊びをした、というのですが、これは菖蒲の葉を束ねたもので地を打って、音の大きさで勝負するというとても単純な遊びらしく、おそらく軒端《のきば》につるす用の菖蒲のあまりを使ったのだと思います。なんでも遊びにする子ど

もたちが無邪気に発する菖蒲打の音。これもまた江戸では、5月ならではの「祓いの音」だったのではないでしょうか。

さらに翌日、5月6日の候には

諸人菖蒲湯に浴す

と書いてあります。軒につるして厄除けに使った菖蒲の葉を、翌日お風呂に入れて芳香を楽しんだ、ということなのでしょう。**厄除け効果のあるものは全方位から使い倒す、無駄にしない**という考え方は、令和の世にも通じますね。

私の実家は会社づとめの家でしたが、5月5日になると、かならず母が菖蒲の葉をお風呂に入れてくれたので、子どものころから家のお風呂で**菖蒲湯**につかっていました。情緒を重んじる小学生だった私は、菖蒲の葉っぱをお湯の中で行ったり来たりさせながら、そのつるつるとした艶《つや》と、厚みがあってすぱっと切れそうな剣の形、出汁のようなうまみを思わせる匂いを楽しんで、「雅《みやび》だなあ」なんて悦に入っておりました。
大人になった今は、菖蒲湯からあがったあとに、ほんのすこしの**菖蒲酒**をいただきます。

菖蒲酒とは、菖蒲の葉の根本部分を薄切りにして、それを2〜3枚、日本酒に浸したお酒のこと。芳香、鎮静成分がしみこみ、厄除け効果があるとされます。ただし、果実酒のように漬け込むと菖蒲のアクが出てしまうので、葉を浸すのは長くて半時間程度。菖蒲湯に入る前に、日本酒と菖蒲の薄切りを入れたグラスを冷蔵庫で冷やしておき、風呂上りにクイッといただくのが丁度良いのです。こうして**外と内からの「お祓い」**を完了させ、すっきりとした気持ちで幸福を味わいます。

それから、お風呂に入れた菖蒲の葉を取り出して、枕の下に敷いて眠りにつきます。これは**「菖蒲枕」**といって、菖蒲の芳香で安眠をさそい、すこやかになるという願いがこめられている、昔からの風習なのです。

ここでひとつ注意なのですが、アヤメ科の「花菖蒲」には菖蒲独特の芳香も有効成分もありませんから、菖蒲湯や菖蒲酒には使えません。菖蒲湯や菖蒲酒にはかならず「菖蒲」の葉を使ってくださいね。ちなみに先ほども述べたとおり、菖蒲はサトイモ科です（ややこしいですね）。

この菖蒲の「しょうぶ」という発音が「尚武」と通じるということで、この時期になると武家では男児の成長を願い、兜《かぶと》を飾り、こいのぼりを掲げるようになっていきました。これが現在の「子どもの日」行事の原形になっています。

薬玉は、恋にも効く㊙おまじないアイテム

次に、5月の**とっておきのアイテム「くすだま」**をご紹介します。

くすだま、というと、運動会や、開店祝いなどに登場する、割ることが前提の大きな球を連想しますよね。中に紙吹雪やふうせんが入っていて、そのなつかしさと祝祭感が私は大好きなのですが、じつはこのくすだま、**「薬玉」**と書きます。もともとは、薬の玉と呼ばれるもので、**平安時代に貴族の間で流行った、おまじないアイテム**なのです。

現代では下の絵のように折り紙で作ったりもしますが、平安時代の薬玉はすこし違います。麝香《ジャコウ》や丁子《チョウジ》などを錦の袋に入れて、祓いの力を持

現代のくすだま

つヨモギや菖蒲を結び付け、赤青緑黄白の5色の糸を結んで垂らします。室内にかけたり、アクセサリーのように身につけたりして楽しむという、インテリア、あるいは邪気除けのおまじないもこめた開運グッズですね。貴族の間では薬玉を贈りあう風習もあったようです。きっと、今でいうバレンタインデーのチョコレートのような存在だったのでしょう。

平安時代の薬玉

清少納言の**「枕草子」**「節《せち》は五月にしく月はなし」には、

空の気色《けしき》、曇りわたりたるに、中宮などには、縫殿より御薬玉とて、色々の糸を組み下げて参らせたれば、御帳たてたる母屋のはしらに、左右につけたり

とあります。宮中には、裁縫を担当する「縫殿寮《ぬいどの》」という部署がありました。中宮定子のために縫殿寮から献上された薬玉を、定子に仕える女房たちが室内の柱にかけた様子が書かれているのです。

また、紫式部の**「源氏物語」**第25帖「蛍」には、こんなくだりがあります。

薬玉など、えならぬさまにて、所々より多かり

光源氏が言い寄っている玉鬘《たまかずら》のもとに、「趣向をこらして美しく仕立てた薬玉が送られてきた」という意味です。薬玉は、相手への気遣いや美意識を表現する贈りものでしたから、玉鬘が光源氏以外からも人気の的であったことを表しているのです。

実は、私が昔のスタイルの「薬玉」を知ったのは、茶道のお稽古を通してでした。茶の湯の世界では、掛け軸に薬玉が描かれていたり、茶杓《ちゃしゃく》の銘（名前のこと）に「薬玉」という言葉を使ったりと、季節感をあらわすものとして、その概念が今に伝わっています。

現代にも、薬草を詰めた薬玉を、家庭や神社でお守りとしてぶらさげる風習があります。**玄関や軒下にかければ魔除け**に、**トイレにかければ女性特有の病気や家族の健康に効果**があると言われます。また、**美しい玉が視界に入ることによる心の華やぎも、運気を呼び込むもと**になります。ただし、薬玉をぶらさげる期間は5月5日から9月9日の重陽の節句まで。以後は、袋のなかみが違う「茱《ぐ》萸《み》嚢《ぶくろ》」という袋にかけ替えます（P171参照）。

6月

五感と空間を磨く

雨だれの音を聴く楽しみを発見する。そうじという「瞬間の快」を発見する。感覚を研ぎ澄ませば、梅雨は発見の月なのです。

開運に直結する「五感」。雨の多い梅雨は、五感を磨くのに最適です

6月の梅雨の時期は、じめっとした湿度の高い気候で、気分も沈みがち。4月からの新生活でストレスがたまって限界を迎え、五感を鈍らせる原因にもなります。五感の衰えをほうっておくと、運が目の前にきているのに気づかない、運をつかむことができずに見逃してしまう、という由々しき事態が起こります。

「自愛」「自祓《じばら》い」して心身の健康を保つと同時に、五感も、運動させて鍛えることがとても大事です（運動は、運を動かすと書きますしね！）。

そして、じつは**「雨」というのは、五感を運動させるのに最適な、神様からの贈り物**だと思うのです。

明治時代の物理学者、寺田寅彦は、夏目漱石に師事した

随筆家でもあり、詩的な理科系随筆をたくさん残しています。
彼は随筆「**雨の音**」の中で、雨音は、

広い面積に落ちるたくさんの雨粒が、一つ一つ色々なものに当たって出る音の集まり重なったものである。音の源を指し示すことはできない。音を聞いている人は数の知れない音の出る点の群れに取り囲まれているのである

と書いています。

そして、遠いところに落ちた雨粒の音は、その人からの距離のぶんだけ遅れて耳に届くので、雨の音とはすなわち、

過ぎ去った過去の音を集めたもの

でもある、と。なんだかすごく、理科的であり、情緒的でもある表現ですよね。私はこれを読んだとき、世界の捉え方が変わった気がしました。

瀬戸内海の小さな島へ行ったときのことです。雨が降っていたので、港のあずまやで船を待っていると、小さな島全体に落ちる雨粒の音が、タイムラグを経て私の耳に届き、「過去の音」のかたまりに包まれている感覚がありました。

そのあと船がきたので、乗り込むために傘をさしてあずまやを出ると、バラバラバラバラと、頭上の傘に当たる雨粒の音が耳元に飛び込んできて、音像がはっきりとした「今の音」だけになりました。ひとつひとつの雨粒の音が立ち上がり、肌に直接、ぶつかってきます。私はお米つぶを手でさわるように、雨音を聴いて楽しみました。

そして船の中に入ると、また「過去の音のかたまり」が、遠くから包んでくるような感じがしたのです。

この体験から、私は、**雨の日には三つの楽しみ**があることに気づきました。

ひとつめは、室内にいるとき。ぼんやり、まったりと、「過去の音のかたまり」としての雨音を聞く楽しみ。

二つめは、傘をさして外に出たとき。傘に当たる雨音によって聴覚がバキッと目覚め、他の感覚もそれにつられてバキッと覚醒して、五感が立ち上がる感じを味わう楽しみ。傘からこぼれおちる雨だれが、肌に当たるときの、目の覚めるような触感。

三つめは雨上がり。なまあたたかい空気と、草の匂い、濡《ぬ》れた路面の色。そこを自転車で走るときの、タイヤとアスファルトが発する、ぴしぴしとキラキラの混ざったような音を聞く楽しみ。


いつでも「楽しいなあ」「幸せだな」と感じることのできる人が、「運のいい人」なのではないでしょうか。

運のいい人とは、「自分は運がいいなあ」と満足している人です。

自然に対して五感を研ぎ澄ますことは、楽しさや幸せに直結します。

意外にも、雨の多い梅雨どきが、五感を磨くのには最適だったりするのです。

平安貴族は、季節を愛《め》でながら「運の良さ」を競っていた？

神社にいると、雨上がりには、まず鳥たちの声が聞こえてきます。その声で、「あ、雨やんだな」とわかるのです。ほどなく、参道にもおまいりの人がちらちらと見えはじめ、野良ネコも境内を横切っていきます。ひっそりと雨やどりしていた動物たちが動きだす気配を感じて、「人も動物なのだな」と当たり前のことに気がつく瞬間です。

この瞬間が**「草むしり」の絶好のタイミング**。

雨のあとは地面がやわらかくなっているので、雑草が根の先まで簡単に抜ける、と私に教えてくれたのは、長年、神社の境内の落ち葉そうじをお手伝いしてくださっている

氏子《うじこ》さんでした。彼女は神社の境内や外まわりをそうじしてから銭湯に行く、というパーフェクト・デイズをもう15年ほど続けてきた方で、かっちかちの地面にがっちり生えている雑草を、T字の鎌で必死に取ろうとしている私に「今やっても無駄やで。雨降ったあとにやらんと」とアドバイスしてくださったのです。

ベテランの彼女が言うのであれば真実だろうと、その日は草むしりをやめ、雨のよく降ったあとに草むしりをしたところ、「今までの苦労は何だったんだ！」と思うほど、楽に、じょうずに、根の先まで抜けました。

私はこのとき、草むしりでもっとも重要なのは、使う道具でも、力のマネージメントでも、やる気でもない。タイミングである。ということを学びました。

平安時代に話はさかのぼりますが、貴族の間で「根合わせ」という遊びがありました。抜いてきた植物の根の長さを競うという、現代の一般人からすれば謎の遊びです。

そもそも、平安時代の宮中では、持ち寄ったものの優劣を競う「合わせもの」という遊びがよく行われていました。持ち寄るといっても、現代のように、ものにあふれた世界ではありませんから、身のまわりにある自然のものや、歌など、目に見えぬものがほとんど。植物の葉っぱの大きさや根っこの長さ、貝がらの形や色合いの美しさ、めずらしさ。こういったものを持ち寄ってくらべたり、それを題材にして歌を詠み、優劣を競ったりする遊び。**平安貴族は、季節を愛でるということを、勝負事の遊びにしていた**のですね。

植物の根の中でも、菖蒲《しょうぶ》の根は長いのにやわらかくて、無理やり抜こうとすると途中で切れてしまう、つまり、抜き方次第で長さに差が出るので勝負がつきやすい植物でした。

「菖蒲の根合わせ（P96参照）」は大人気の遊びになり、これが「根合わせの儀」として5月の行事に定着しました。そして、ものごとにふたつの選択肢がある場合の決定の方法としても、使われました。

平安時代の5月は旧暦なので、新暦だと6月ごろですから、季節的にはちょうど6月ごろ、貴族たちは菖蒲の根っこを持ち寄って「根合わせ」をしていたのです。

いやいやいや。絵、香、扇《おうぎ》、貝、菊などが「合わせもの」のお題になったのはわかる。わかるけども、「植物の根」は、なんか唐突すぎじゃないのか⁉　と思いますよね。

けれど、私は6月の雨あがりに草むしりをしていて気がついたのです。

「根合わせ」は、その人物の「タイミングのよさ」を競うものではないか？　と。

タイミングがいい人というのが具体的にどういう人か、考えてみます。

日ごろからそのことをしている。状況分析ができる。だから小さな変化に気づく。よって、「今だ！」という頃合いが感覚でわかる。………という人ですよね。植物の根をじょうずに抜くなんて、これらができていないとぜんぜんダメ。

タイミングがいい人は、神様とのタイミングを合わせるのもじょうずです。それがつまり「運のいい人」。

だから、根合わせは、**「運のいい人を選ぶ、合理的な手段」**だったのではないかしら？

そんなふうに思ったのです。

ああ、いまが平安時代なら、私は「根合わせ」で無双して、めっちゃ出世できたかもしれません……。

ほぼ「そうじが仕事」の神職が気づいた「そうじ」と「開運」の密な関係

ともあれ、**運を上げるということは、神様とタイミングを合わせるということ**。だから、神様の存在を敏感に感じ取るために、神様がいごこちのよい、きれいな空間を保っておくことが大事。これは、神社だけの話ではなく、一般家庭でも同じです。

こんなことを書いていると、私がそもそもきっちりしたきれい好きの人かと思われるかもしれませんが、私は大雑把な性格で、そうじも苦手でした。そんな自分が、神社に奉職して、何をするにも「そうじ」と「清め」が第一優先という日々を過ごしてきた結果、わかったことがあります。

それは、草むしりにせよ、落ち葉そうじにせよ、室内の拭きそうじにせよ、自分が手を動かした範囲がきれいになっていくのは、快楽だということです。

快楽だから、ついつい手を出してしまう、それが「そうじ」の正体なのだと。

「結果が出る」「目に見える」という点で、あらゆる人間の仕事の中でも、最速でその快楽を得られるものが「そうじ」。つまり**そうじは「瞬間の快」です**。そうじすれば、その瞬間から目の前がきれいになっていくからです。

　そして「瞬間の快」の集合体が**「幸せ」**で、それがよく訪れる状態が**「運がいい」**ということではないかと思っているのです。

　きっと、「瞬間の快」が切れ目なくつながったら、瞬間も、時間の区切りもなくなって、今まで味わったことのない状態になるでしょう。あるいはそれが悟りというものなのかも。私はまだその境地には至っていないのでわかりませんが、「めちゃくちゃ運がいい」ということは、感じています。「瞬間の快」を意識して毎日を過ごしているからです。

「瞬間の快」は、人が日常で行う動作に無数に存在します。私の場合は「龍笛《りゅうてき》を吹く」「体を伸ばす」「文字を書く」「ごはんを作る」などの中に、快を感じます。「片づけ」や「洗い物」の中に快を感じる人もいるでしょう。中でも、やはり**そうじが「瞬間の快」のトップ・オブ・ザ・トップに君臨している**ように思います。

いちど、神社のおそうじを手伝ってくださる方に聞いたことがあります。彼女も、「自分が気持ちいいからそうじしている」と、以前言っていらしたので、「この気持ちよさはどこからくるんですかね」と、聞いてみたのです。すると、

「そうやなぁ、おそうじは徳を積んでる感じがするねんなー」とおっしゃっていました。

たしかに。**そうじには、気持ちよさの中に、徳を積む感、という要素がある**のです。「快」の中に「徳」がある。

光る玉の中に、味わい深いおいしいものが入っている感じですよね。それが「そうじ」の特質なのだと思います。

ところで、**梅雨どきが大そうじに適している**という話を聞いたことがありませんか？

実は、**梅雨どきは、気温で汚れが緩むうえに、湿度が高いので汚れが落ちやすい**のです。ホコリが舞いにくく、静電気も発生しにくいため、窓ガラスや網戸のそうじにも向いています。ダニやカビの繁殖期の初期にあたるので、梅雨に大そうじすると、彼らの繁殖を予防する効果もある……ということで、まさに絶好の「大そうじ日和」なのですね。

雨でおでかけできない日こそ、おそうじ日和《びより》。部屋の中を清めて快適にすることで、運

を呼び込む家にすることができる、開運デーなのです。

ひと月のあいだ、まめなそうじを心掛け、身のまわりをすっきりさせたら、6月の晦日《みそか》には多くの神社で行われる**「夏越《なごし》の大祓《おおはらえ》」**にでかけてみましょう。文字通り、夏を越えるための、たましいの大そうじ。茅《ち》の輪を8の字にくぐる、人形代《ひとがたしろ》を祓って燃やす、大祓詞（お祓いの言葉です）をみんなで唱える、など、内容は各神社によってさまざまです。

京都を中心とした関西では、この日限定の**和菓子「水無月《みなづき》」**を食べる習慣があります。

水無月は、氷に見立てた白いういろうの上に、小豆がのっていて、三角です。昔、氷を貯蔵していた「氷室《ひむろ》」から出してきた氷の形を表し、真四角を一年と見立てれば、半年は半分の三角になる、という意味もあるようです。

私は、この構成、形、コンセプト、考えた人はとんでもない天才だな、と思いながら、6月のごほうびとしていただきます。これが悶絶するほどおいしくて、あと半年、すこやかにがんばろうと思えるのです。

コラム

香りを「聞く」香道

日本の伝統的な芸道は、自然の中の神様を感じるところから生まれ、技と精神性が高められたもので、「香道」もそのひとつです。香道では、香りを「嗅ぐ」ではなく「聞く」と表現しますが、これは「香りを通じて自然の声を聞く」という香道の本質を表しています。

香道で主に使われる沈水香木《じんすいこうぼく》は、東南アジアの常緑高木から採れるものですが、生木の状態では香りを放ちません。風雨や落雷などによる木の損傷、適切な気温、湿度、土質、バクテリアの付着などの条件が重なり、木が本来持っている抗菌樹脂が沈着して、100年以上の歳月をかけて沈水香木となります。木が生えていた土地の自然環境と時間が作りだす香りですから、同じものが二つと存在しないと言われるほど。**それを「聞き」分けるには、自然の声を聞くセンスと、香りを言葉にして整理する知性が必要です。**

香道には「組香《くみこう》」といって、季節や物語に基づいて複数の香りを組み合わせ、香りを聞き分ける遊びがあります。たとえば７月の七夕をテーマにした「星《ほし》合香《あいこう》」では、織姫と彦星を象徴する香木と、他に５種の香木、合わせて７種の香木を使い、参加者が織姫と彦星の香りを当てるなどの遊びかたがあります。ほかにも、「四《し》季《き》三景香《さんけいこう》」「風香」「月見香」といった季節を題材にした組香がたくさんあります。

香道は〝季節の神様と遊ぶ芸道〟と言えますね。

7月

怨霊もおもてなしする

かつて、天災や疫病など、人間がどうすることもできない厄災は、怨霊の神様による活動だと考えられていました。その一番の対処法は、「怨霊をおもてなしする」ことだったのです。果たして何をするのでしょう？

神様は風に乗ってやってくる！
涼を取り、運も呼び込む「夏座敷」の作り方

大阪に来たばかりのころ、京都のお師匠さんのところへ、小唄を習いに行っておりました。お稽古場は、長屋の急な階段を上がった2階です。畳の座敷で、小さな机をはさんで向かい合わせに座るお師匠さんと弟子のための座布団がおいてあり、床の間に季節のお花が一輪だけ活けられているというミニマルスタイルが、しびれるほど粋《いき》でした。

細い花器にすっくと立つ一輪の花は、神様の依《よ》り代《しろ》を思わせます（神霊が寄りつくものを「依り代」といいます）。

私にとって、神様はいつも風のように自由に飛び回っていて、いい感じの「依り代」を見つけると、鳥が枝でひと休みするように、トンボが指にとまるように、降りてきて休憩するという印象です。たとえば、一輪の朝顔を「いい感じ」と思って降りてきてくれる神

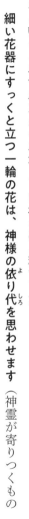

様がいたら、きっとその一輪の朝顔を活けた人と、気が合う神様だと思うのです。

明治時代の初めに、日本の「外国人未踏の地」と言われる地域を旅し、『日本奥地紀行(Unbeaten Tracks in Japan)』を書いたイギリス人冒険家のイザベラ・バード。彼女は日光の金谷カテッジインに宿泊したさいに目にした一輪挿しについて絶賛しています。

「私は美しき孤独についてわかりはじめている。(中略)一本の牡丹、一本のあやめ、一本のつつじが、彼らのfull beauty(まるごとの美しさ)そのままに、飾られているのだ。それにくらべて、私たち(=イギリス)の花屋の花束は、たくさんの種の花が茎も葉も花びらさえもつぶされて、レース紙につつまれている。あんなに奇怪で野蛮なものがあるだろうか」と。

まあそこまで言わんでも……という表現が彼女の持ち味で、当時の日本の衛生観念などについては辛辣《しんらつ》な感想をつづっており、彼女が手放しで日本を褒めまくる外国人ではないことは確かで、だからこそ、この一輪挿しへの称賛が光って見えました。

盆地ゆえ、京都の夏はおそろしいほど蒸し暑く、長屋はとくに暑いですが、ある時、小唄のお稽古にうかがいますと、ふすまが**「みすど」**に替わっていました。みすど、と言ってもドーナツ屋さんのことではありません。漢字で書くと**「御簾戸」**です。簾《すだれ》を建具にはめ込んで障子やふすまの代わりにした「簾戸《すど》」に、御をつけたものが「みすど」。

ちなみに神社では神様用に作られた簾《すだれ》を「御簾《みす》」と呼び、神職がそれを下から巻き上げたり、巻き下ろしたりします。もちろんその作法も決まっています。

ただ、ふつうのお家で使うものなのに、「簾戸」に御をつけて「御簾戸」と呼ぶ場合には、なにかしら尊いもののお出まし的なニュアンスが出るような気がします。関西ではバスでもタクシーでも、待っていたものがようやく登場したさいに「来はった、来はった」と敬語を使うことがあるのですが、その感じに似ているように思います。

御簾戸は、葦《よし》をはめこんでいるので**「葦戸《よしど》」「葦障子《よししょうじ》」**、あるいは**「夏障子《なつしょうじ》」**などとも呼ばれます。呼び名はさまざ

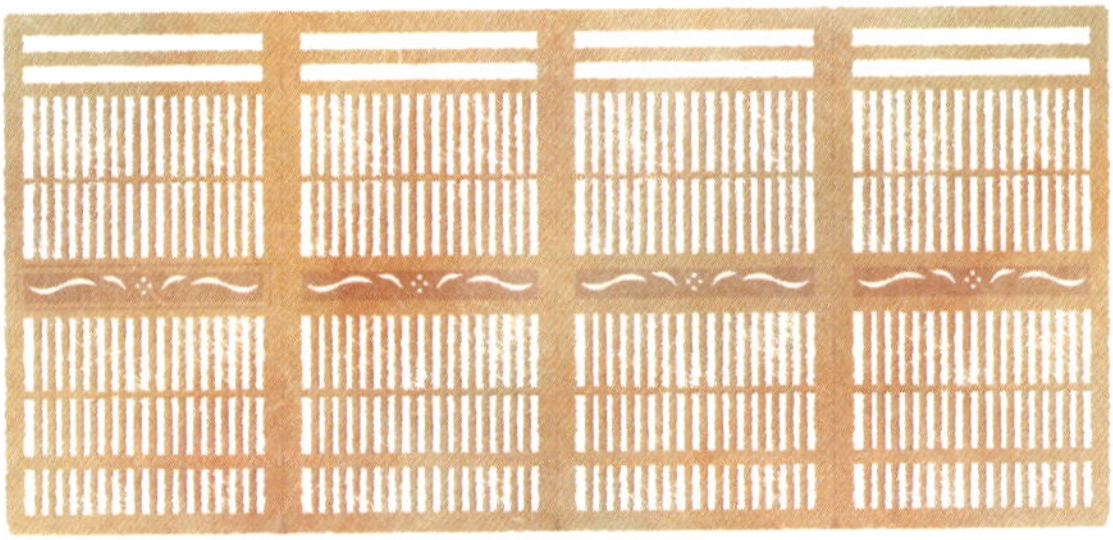

までですが、その姿と語感がもたらすさっぱり感は、夏の不快を快に変えるのに充分で、懸命に稽古して、しとどに流れる汗までもが、清涼な夏の風物詩に感じられるのでした。

たった一輪、季節の花があるだけで、部屋の模様替えをしたとき以上の変化がある。そのうえ、**一年に2回、夏と冬に、ふすまと座布団が入れ替わるだけ**で、まるで家《や》遷《うつ》りしたかのような、新鮮な気持ちになる。私はお師匠さんの家で、イギリス人冒険家と同じように、衝撃を受けたのでした。

風通しのいい空間を作れば神様が訪れる！

昔の人にとって、建具や座布団を夏向きの素材に変えるということは、涼をとる、と同時に、**風通しのよい空間を作って季節の神様を家に引き寄せる**、という行為だったの

ではないかなと思います。

睡眠の科学的研究でも、気密性の高い部屋で複数人が換気せずに寝ていると、部屋の中の二酸化炭素の濃度が上がり、本来ぐっすり眠るべき時間に中途覚醒を繰り返してしまう、というデータがあるそうです。風通しがよいところのほうが、寝心地がよいというのは、実感としてもありますよね。風通しのよさが健康につながり、体のすこやかさが心のすこやかさにつながり、すこやかな心は幸せを感じやすい……。**風通しのよい空間に幸運や神様が訪れる**、というのは、そういうことなのかもしれません。

夏休みに田舎へ行って、川で水遊びしたあと、風通しのよい畳の部屋で、昼寝をする心地よさを想像してみてください。絶対、そばに神様いますよね？　**真のリラックス状態、本当の無の状態に、神様が現れる気がしませんか？**

実際、神社の拝殿を見ていただくとわかると思うのですが、ほとんどが風通しのよい、吹き抜けの構造になっています。人と神様が出会うのは風通しのいいところである、という考えが、ごく自然に私たちの中にあるからだと思います。

「神様と出会う空間は、暑さ寒さよりも風通しが優先されている」ということに気づくと、運を開く空間とはどんなものか、想像しやすくなりますよね。

思い立ったが吉日（これ本当にいい言葉ですね）。**風通しのよさを第一に考えて、部屋も衣替えしてみては如何《いかが》でしょうか。**「今日は家の中を夏座敷にする日」と決めて、カーテンをよしずに替える、クッションカバーを麻にする、など、暮らしまわりのものを、素材だけ夏仕様に替えてみる。もちろん、冬布団は夏布団に。そして冬のものはきれいに洗ったり拭いたり、干したりして、しまう。

これだけでも、すごく徳を積んだ感じがします。「徳を積んだ感」は、開運につながる要素ですから、大事にしていきたいですね。

それに、人と同じで、「もの」も数カ月会わなかっただけで、また新鮮な気持ちで付き合うことができます。夏と冬に「もの」を入れ替えることで、新しいものを買わなくても、新しい気持ちを味わえて、ものに対する感謝の気持ちも芽生えるのは幸せなことですよね。

心躍る暑い夏。

家の中を、夏の神様を引き寄せるような、さっぱりと風通しのよい「夏座敷」にしつらえることが、夏の運を開く鍵なのです。

巧の技も恋愛も、豊作も健康も、すべては天からの授かりもの

7月7日の夜、天の川の両岸で輝いている牽牛星《けんぎゅうせい》と織女星《しょくじょせい》が、年に一度だけ会うという七夕伝説は、もともと古代中国で生まれたものです。どういういきさつで年に一度になったのか、小学生のときに聞いた気がするのですが、忘れてしまったので、**七夕伝説**をおさらいしてみました。

むかし、天の神様の娘「織姫《おりひめ》」は、お化粧もせず、毎日せっせと機《はた》を織っていました。そんな娘を不憫に思った天の神様は、牛の世話を行っている「彦星《ひこぼし》」を引き合わせました。二人はすぐに恋に落ち、やがて結婚することになりました。

ところが、二人は結婚すると仕事をせず、遊んでばかりの生活を送るようになりました。織姫は機織りをしなくなってしまい、そのために天の衣類はすたれるばかり。彦星も牛の世話をしなくなったので、牛がやせ細ってしまいました。

怒った天の神様は、二人を天の川で引き離してしまいました。すると二人は悲しみにくれて、ますます働こうとしなかったので、天の神様は真面目に働くことを条件に、年に一度だけ二人が会うことを許しました。それから毎年7月7日の夜、織姫と彦星は天の川を渡り、会うようになったのです。

……以上。「できるだけ遊んで暮らしたい」「遊びこそがお祓《はら》いになる」と思っている私のような者には、身につまされるお話でした。

さて、牽牛星は、わし座のアルタイル。織女星は、こと座のベガ。

この二つの星の実際の距離は約15光年（約140兆キロ）。どちらかの星が、光の速さで相手に向かって進んだとしても、約15年後に到着するという遠

さです。そう考えると「年に一度会える」という設定はむしろ「けっこう会っているよね」と思ってしまいます。しかし、この伝説が初めて登場したのは孔子が編集したと言われる**「詩経」**とされていますから、そのころの人たちの寿命を思うと、年に一度の逢瀬は少なすぎる。ゆえにロマンチックなお話なのだと思います。

これとは別に、古代中国には手芸や裁縫の上達を祈るという意味の「乞巧《きっこう》」という言葉がありました。巧《たくみ》のわざを授かるようにと、天に乞うこと。この乞巧を、行事として行うのが7月7日でした。中国の6世紀に記録されたとされる「荊楚歳時記《けいそさいじき》」には、7月7日に、5色の糸などのお供えものをして裁縫や技芸の上達を願った「乞巧奠《きっこうでん》」という行事のことが記されています。「奠」とは、お供えもののことです。

「庭に瓜《うり》を並べて裁縫の上達を願い、蜘蛛《くも》が瓜の上に巣を張れば願いが叶う」、あるいは、「蜘蛛を小箱に入れ、翌朝の巣の張り具合で裁縫の上達を占う」というように、**裁縫の上達を、蜘蛛の糸で占っていた**ことが記されています。

たしかに、自然界で「糸」を自在に操るもの、と言えば蜘蛛です。ある種の蜘蛛の糸では、鉄や高強度合成繊維に匹敵する強さを示すそうですし、なんといっても蜘蛛の巣のデザインは複雑で天才的ですよね。

日本でも蜘蛛は神様のつかいと言われ、古くは小さい蟹をあらわす「細蟹《ささがに》」と呼ばれて、待ち人が訪れ来る前兆を人に示す生き物でした。そのため織姫には「細蟹姫《ささがにひめ》」という呼び名もあります。

芥川龍之介の「蜘蛛の糸」という短い小説は、極楽の蓮池のふちをぶらぶら歩いておられたお釈迦《しゃか》様が、蓮の葉にかかった一本の蜘蛛の糸を、はるか下の地獄に垂らすところから展開していきますよね。**蜘蛛や、その糸は、天から授かる幸運を象徴している**のです。

古代日本の宮中では七夕は「しちせき」と呼ばれていた

「乞巧奠」の行事と七夕伝説は同じ7月7日のことなので、混ざって日本に伝わりました。奈良時代に日本に伝わったと言われる七夕は、宮中では当初「しちせき」と呼ばれていました。それが、「たなばた」と発音されるようになったのは、機織《はたお》りをする女性を示す

「たなばた」という言葉が、もともと日本に古くからあったためと考えられています。**「古事記」「日本書紀」**には、機織りする乙女として「おとたなばた」、**「風土記」**には機織りする女の人として「たなばたつめ」という言葉が出てきます。「たなばた（棚機）」はもともと布を織るための織機のことを指していたのですが、いつしか「たなばた」だけでも、機織りする女の人、という意味になりました。

日本では、1月と7月の満月の日（旧暦だと月のかたちと日にちが合っていますので、15日が満月です）が、祖先のおみたまを迎える祭りの日。その7日前の1月7日と7月7日は、お祭りの準備を始める日でした。それに加え、7月7日は稲の開花期であると同時に、水害や稲の病気も心配される時期でしたので、育った稲を守ってもらうため、7月7日を「田の神様」の祭りとした地域も多くありました。このお祭りを「種播（たなばた）祭り」と呼んでいたので、七夕が「たなばた」になったとする説もあります。7月7日は、日本では「祖先迎えの準備」と「田の神の祭り」をする日でもあったわけです。

こうして、いろいろな概念が混ざってできた七夕は、その後も変化していきます。

室町時代には、花をどちらがうまいこと活けたか競う**「花合《はなあわせ》」**や、連歌を行う**「七夕法《たなばたほう》

楽《がく》」がさかんになり、ここから**「七遊《ななあそ》び」**という7種の風流の遊びが生まれました。7種とは、歌・鞠《まり》・碁・花・貝覆《かいおおい》・楊弓《ようきゅう》・香のことです。

おいおい、肝心の裁縫が入ってないじゃないか。というか、もはや「七」という数字しか七夕と共通しないじゃないか。とつっこみたくなります。

でも、考えてみれば裁縫は生産活動で、ものづくりの技術。遊びというのは、生産性のない、いわば余白に生まれる豊かさ、瞬間に消えてしまうはかないものを楽しむことです。だから裁縫が7種の遊びに入っていないのかもしれませんね。

室町時代は、貴族の文化と禅宗の文化が融合して、茶の湯、生け花、能、狂言、水墨画などが生まれた時代。禅の思想と結びついたがゆえに、精神性の高い芸事に発展しましたが、最初はどれも純粋な遊びからはじまっていると思うのです。

七夕だけでなく、3月3日の桃の節句にせよ、5月5日の端午の節句にせよ、節句の概念が古代中国から日本に伝わると、どうも「遊び」に寄りますよね。それはやはり日本には無数の神様がいるからだと思うのです。唯一の神や、強力な思想、リーダーのもとで行事が行われるのではなく、**外から入ってきた行事を概念だけ取り込んで、自分たち好みの感じにして地元の神様と自由に遊ぶ**、というような展開をしているように見えます。

五色《ごしき》の短冊。その色に意味があることをご存じですか？

いま、私たちは七夕に五色の短冊に願いごとを書いて笹《ささ》にぶらさげますが、これは中国から伝わったものではありません。**笹飾りの風習は日本発のもので、**七夕が民間でも広く行われるようになった江戸時代からと言われています。

そのころ、竹に和歌や願い事を書いた五色の短冊をつけて、屋根より高く立てていました。天保年間（19世紀中頃）になると、これに細工物が加わり、ほおずきを数珠《じゅず》のように連ねたもの、紙で作った硯《すずり》と筆、すいか、鼓《つづみ》、そろばん、大福帳などを吊り下げるようになります。もはや、織姫や彦星とはまったく関係のない物ばかりですよね。江戸（いまの東京）では、七夕に愛宕《あたご》神社のある愛宕山から江戸市中を見渡せば、家々が立てている笹飾りがたなびいて見え、徳川幕府の繁栄ぶりを示していたと言います。

現在、日本でもっとも大きな七夕のお祭りになっている「仙台七夕まつり」は、仙台藩で行われていた笹飾りの風習が発展したもので、江戸のころは笹竹を飾り、農家では田の神様の乗る馬として藁《わら》などで「七夕馬」を作って屋根に上げるなどして、豊作を祖霊に祈っていました。いまではカラフルで大きな吹き流しや仕掛けものなど趣向をこらした笹飾りが、町を彩っています。

こうして、本家中国よりも日本で発展した七夕の風習ですが、その根底に流れているのは、「命だけでなく、命に付随する巧の技、遊びの才能、農作物の収穫なども、**すべて天からの授かりものである**」という感覚だと思います。だからこそ私たちは、短冊にあれこれ書いて、なんでもお願いするのでしょうね。

あなたが短冊に願いごとを書くとき、「色」をどのように選んでいますか？　五色《ごしき》の短冊の色は、もともと「木・火・土・金・水」（もっかどごんすい、と覚えます）の五つの要素に対応しています。これは五行思想《ごぎょうしそう》と呼ばれるもので、それぞれの要素には対応する概念があります。

【五行】	【五色】	【五方】	【五時】	【五常】	【五官】	【五獣】
木	＝青	……東	……春	……仁	……目	…青竜
火	＝赤	……南	……夏	……礼	……舌	…朱雀
土	＝黄	……中	……土用	……信	……口	…黄麟
金	＝白	……西	……秋	……義	……鼻	…白虎
水	＝黒	……北	……冬	……智	……耳	…玄武

というぐあいです。

※最近は、「黒」が「紫」で代用されることも

たとえば、冬に試験があって合格したい場合は、「冬」と「智」に対応している黒の短冊を選ぶとよさそうですよね。（最近は、黒が紫で代用されていることがありますので、

その場合は紫)。やさしい人と出会って恋がしたいなあという場合は「仁」と「春」に対応している青色の短冊。お世話になった方がすこやかで、いつまでもおいしいものを食べられますように、と願うなら「礼」と「舌」に対応する赤の短冊。

たくさんの願いを書く場合も、**それぞれの願いごとに合う色を選ぶ**と、より叶いそうですよね。そして願いが叶ったときには、「これは天からの授かりものだ」と感謝の気持ちを忘れないようにしたいものです。

夏祭りの「お囃子《はやし》」は神様と遊ぶ音楽なのです

にっぽんの夏といえば、夏祭りや盆踊り、花火大会などのイメージがあるのではないでしょうか。夏祭りには、独特の解放感がありますよね。いつもは着ない浴衣を着ての外出や、夜更かしが許される、といった解放感もあるかと思いますが、そもそもお祭りの主題が、春祭りや秋祭りとは違う、ということも関係していると思います。

おおざっぱに言って、春祭りは田植え、秋祭りは収穫の季節ですから、地元の氏神様、「農」や「食」の神々に対する感謝をあらわしたり、豊作を祈願したりすることが主題になっていることが多いのです。

しかし、**夏祭りの主題は「怨霊鎮め」**だったりするのです。怨霊といっても、「お化け」ではありません。**怨霊もまた神様**なのです。

昔、夏は疫病が流行る季節でした。温度も湿度も高い夏に、衛生面を保つのが難しかったこともあるでしょう。人々は、なんとかして病《やまい》を避けて夏を乗り越えたいという思いでした。しかも、雷や台風で大規模な災害が起きる時期とも重なっています。はっきり言って、夏は命を落とす人が多い時期だったのです。

そんな疫病や厄災は、「怨霊によって引き起こされる」と信じられていました。そこで日本人が考えたのは、**「怨霊を接待して楽しませ、ご機嫌よくしてもらい、お鎮めする」**こと。それが夏祭りの主題になっているのです。命を長らえたい、子孫を繁栄させたいと

いう根源的な意味では、「農」や「食」も、同じところに行きつくはずですが、「病」や「厄災」はインパクトが強いので、そのためのお祭りも、すこし違った雰囲気になっているのだと思います。

お盆の時期（東京など一部は7月、他は8月）と近いということもありますが、**夏祭りにはうっすらと「あの世」の匂いがします**。あの世が近く感じられるからこそ、花火のような一瞬の輝きにも生のよろこびが尊く感じられ、短い人生、その醍醐味を味わおうという解放感が、夏祭りには漂っているように思うのです。

異世界の空気が漂う「祇園祭」

京都で7月のあいだ約ひと月にわたって行われる祇園祭《ぎおんまつり》は、平安時代前期の869年、京で疫病が流行したとき、神泉苑に66本の鉾《ほこ》を立て、八坂神社の神輿《みこし》を迎えて厄災除け祈願を行ったのがはじまりと言われています。

やがて祇園祭は全国的に広まり、福岡県の博多祇園山笠、福島県の会津《あいづ》田島《たじま》祇園祭、神奈川県の鎌倉大町《かまくらおおまち》祇園祭（八《や》雲《くも》神社例大祭）、長野県の深見《ふかみ》祇園祭をはじめ、北海道から九州まで、全国各地で祇園祭が行われています。

京都は山鉾《やまほこ》の巡行、博多は山笠の追い山、南会津は七行器《ななほかい》という花嫁行列、長野は提灯《ちょうちん》の御神輿《おみこし》行列。博多は土地柄か、勇壮なお祭りになっているようですが、全国の祇園祭に共通する特徴は、夏ならではの幻想的な演出がなされているというところです。**異世界との橋渡し感**が漂っている、とでも言いましょうか。

京都の祇園祭の期間中、町を歩けば聞こえてくるのが、コンチキチンの祇園囃子《ぎおんばやし》。その旋律を奏でる笛の音は「能管《のうかん》」の音です。能管は文字通り、お能で使われる楽器で、見た目はほぼ、私も神社で雅楽を演奏するときに吹く「龍笛《りゅうてき》」と変わりませんが、目に見えない部分に違いがあります。

能管には、口に近いところの管の中にまた小さな管が入っていて、この部分は「のど」と呼ばれています。この「のど」によって、中音域の音程幅がせまくなります。龍笛では同じ穴をおさえて、吹き込む息の勢いを強めればオクターヴ上の音が出て、龍が天をかけるようなヌケ感のある音のため「龍笛」と呼ばれるのですが、能管ではこのオクターヴがすこし低めの音になります。それが、**独特の「あの世」感**を出すと言われます。

能管はまた、「のど」があることによって、「ヒシギ」と呼ばれる高音が出るのですが、この音には他の笛にない独特の迫力が感じられます。これは人間の可聴域（20キロヘルツ）を超えた周波数（22キロヘルツ以上）を含むことも一因と言われているのです。だとすると、**「人は聴力以外のものも使って、音を聞いている」**ということになりますよね。

「ヒシギ」という言葉には「清めの光」という意味もあります。鋭い高音が、神の世界と人間の世界をつなぐとされ、その音は「神降ろしの音」と呼ばれているのです。

能管ほど強烈ではないにせよ、三味線、箏《こと》、尺八、龍笛、篠笛《しのぶえ》、鼓など日本の楽器を思い浮かべてみると、**「音程以外の何か」**を**「聴力以外の何か」で聴かせる要素**が、多分に含まれている気がします。五線譜ではあらわせないので、唱歌《しょうが》によって曲が口伝《くでん》されるのも、そのためだと思います。日本人はきっと、そんなところに神様的なものを感じるのではないでしょうか。

コラム

月の和名

1月から12月までの各月には、その季節にちなんだ和名があります。**名前には呪術的な力があります**から、月を名前で呼ぶと、より一層、季節を自分に引き寄せることができるかもしれません。
「きさらぎ」「やよい」などすてきな響きが魅力の月の和名は、「日本書紀」(720年ごろ成立)から登場しており、千年以上たった今も、その読み方はあまり変わっていないそうです。

とても古いだけに、由来には月ごとにたくさんの説がありますので、ここでは一部をご紹介します。**古典や和歌に登場する月の和名はそれが旧暦である**ことを念頭におくと、ぴったりと季節に沿った情景が浮かんできます。

1月　睦月(むつき)　みなが仲睦まじく、年神様から一年をいただく月。
2月　如月(きさらぎ)　重ね着をする「衣更着(着る・更に・着る)」の月。
3月　弥生(やよい)　いよいよ生い茂る「いやおい」の月。
4月　卯月(うづき)　卯の花(ユキノシタ科のウツギの白い花)が咲く月
5月　皐月(さつき)　稲の神様「サ」が山から降りてくる月。
6月　水無月(みなづき)　水の月。田んぼに水を引く月。「な」は、「の」の意味。
7月　文月(ふみづき)　稲の「穂含(ほふみ)」月。稲の穂がつく時期の意味。
8月　葉月(はづき)　樹々の葉が落ち始める「葉落ち月」、あるいは稲穂が張る「穂張月」。
9月　長月(ながつき)　秋の夜長の月。
10月　神無月(かんなづき)　神の月。「な」は「の」の意味。神様が出雲大社に集まる月。
11月　霜月(しもつき)　霜の降りる月。
12月　師走(しわす)　師も走るほど忙しい月。

8月

納涼と手書きにいそしむ

暑い季節に求める涼しさは、温度だけではありません。音、手ざわり、香り、味、そして風景。そのすべてに神様が宿っているから、人々は納涼という文化を生み出しました。

涼し、納涼、暑気払い。「季語」は、先人が発明した夏の開運ことば

東京にいたころ、セミの声は「みーんみんみんみんみんみーん」でした。

しかし、大阪の夏は、「じゅわじゅわじゅわじゅわじゅわげしげしげしげしげしげし」と、デスメタル調で鳴くクマゼミの声で始まります。

神社には栴檀《せんだん》や椿《つばき》などセミが蜜を吸う木がたくさんあります。当然、セミの声も一日中続き、私たち神職があげる祝詞《のりと》の声が、かき消されてしまうほどです。

お詣《まい》りに来られる年配の方々に聞いてみると、「50年ほど前は大阪もみんみんゼミとあぶらゼミが主流で、クマゼミなんかおらんかった、年々、九州のほうから上がってきて、いまではクマゼミばかりになった」とのこと。これも温暖化の影響なのでしょうか。

ある日、落ち葉そうじをしていると、稲荷《いなり》社のまわりの地面に10円玉大の穴をみつけました。虫の穴にしては大きいの

で、初めて見たときは「ヘビかな？」と思いましたが、3日ほどで穴はぽこぽこと増え、モグラたたきゲームの穴のようにたくさんになり、同時に頭上からデスメタルが聞こえてきたので「ああ、クマゼミが出てきた穴か」と合点がいったのでした。

彼らの好きな木が稲荷社のすぐ横に生えていて、土から出たらすぐによじのぼって蜜を吸えるという利便性から、クマゼミはこの場所を選んでいるのでしょう。でも、私には彼らが「お稲荷《いなり》さんの使い」に思えます。じゅわじゅわげしげし、という終わりのない歌もまた、その威勢と豊かな音量ゆえに、縁起がいいような気がしています。

とはいえ、**セミのいない北欧の方には、彼らの声はノイズにしか聞こえないい**そうですから、ものは言いよう、考えよう！　セミの声に夏の情緒を感じるのも、松尾芭蕉のように「閑《しずか》さや岩にしみ入る蟬の声」と俳句に詠むのも、**蒸し暑い夏を乗り越えるための、日本人の生きる知恵**と言えましょう。

昔よりも気温が高い昨今、冷房のお世話にもなりつつ、**生きる知恵としての「情緒」を、次の世代へいい感じに受け継いでいけたらいいなあ**……とぼんやり思っていたら、とっくに昔の人が、いいものを発明してくれていました。

それは**「季語」**。

ご存じのとおり、季語は、俳句や詩歌などに使われる、特定の季節をあらわす言葉です。時候、天文、地理、天候、動物、植物、食べ物、生活、そして行事。あらゆるジャンルにたくさんの季語があります。それは名詞に限らず、「涼し」「暑し」などの形容詞や「風薫る」「山滴《したた》る」「田水沸《わ》く」のような名詞＋動詞もあって、特に俳句では「季語をかならず入れること」が約束事になっています。

俳句の五・七・五、たったの17文字の中にその1語を投入するだけで、だいたいの日本人が、おおよそ同じような季節の風景を思い浮かべるようになっているという、たいへん便利なものだと思います。

便利なだけでなく、それぞれの人が、**季語から、子どものころの思い出や日々の営み、時代の変遷などを想起して、豊かな世界を味わうことができます**よね。それは日本がこれまで、歴史や文化の共有性が高い国だったためで、今後はどうなっていくかわかりません。でも、そこに広がる豊かさをあっさり捨ててしまうのは勿体《もったい》ない気がします。

とくに、夏の生活にまつわる季語は、特別な味わいがあると思うのは私だけでしょうか？　たとえばですね……

夏休み　暑中見舞　帰省　林間学校　夏服　芭蕉布　甚平　浴衣　水着
夏帯　冷麦　冷奴　麦酒　冷酒　ソーダ水　ラムネ　氷水　氷菓
水羊羹　走馬灯　日傘　行水　昼寝　甘酒　鮎釣　水中眼鏡　避暑
川床　海水浴　夜店　金魚売　花火　ナイター　水中花

如何《いかが》ですか？　これもほんの一部なのです。

あー。にっぽんの夏っていいな。と思いますよね。海外に移住した私の友人たちも、「夏だけは日本が懐かしい」と言います。

とくに「昼寝」が夏の季語になっているのは「わかる」ボタンを何回も押したくなります。夏の朝、早起きして散歩に出かけ、神社におまいりして、帰ってきて行水《ぎょうずい》、ひと仕事して、素麺《そうめん》食べて昼寝。夕方また散歩にでかけて、たまーにかき氷食べて、たしなむ程度に冷酒飲んで早寝……。今年こそ、そんな最高の夏の生活をしてみたいものです。

ところで、**「暑し」も「涼し」も、両方とも夏の季語**だと、ご存じでしたか？

暑しは本当に暑いのだから良いとして、本当に涼しいのは秋なのに、夏の暑さにあってこそ感じられる「涼し」に我々はぐっときてしまう。だから「涼し」も夏の季語になっているそうです。

言われてみれば、夏のあいだ、我々は常に「涼し」を欲しがっていますよね。それはまだ暑さがおだやかだった昔の人も同じで、涼を得るための行動を**「納涼」**という情緒ある言葉で表します。とくに冷房のなかった時代は、水辺が納涼の場所でしたので、**「橋涼み」**や**「舟涼み」「涼み舟」**といった季語も見られます。

私は夏、美術館に涼みに行くのが大好きです。涼みに行くなんていうと、学芸員さんに失礼かもしれませんが、美術館はその建築や内装もすてきですし、すっきりとした空間で、かつ、ひんやりと涼しく、美術品を見ていると、気持ちが上がるのです。そんなとき、ああ、納涼もりっぱな夏の開運行動だな、なんて思います。

開運のための納涼行動

そこで私なりの**夏の納涼開運行動**を10個、考えてみました。
一、玄関前を打ち水
二、好きな時間に行水
三、美術館に涼みに行く

四、図書館に涼みに行く
五、舟に乗る（スワンボートも可）
六、川沿いを散歩
七、好きな橋を見つけてその上で涼む
八、かき氷を食べる
九、夏のあいだに一回は線香花火
十、出先で蕎麦《そば》と冷酒をいただく

「めちゃくちゃ地味やないかい」と思われるかもしれません。

ですが、これらの地味行動を、りっぱな開運に変える言葉を、先人はまたまた発明してくれているのです。

それは、**「暑気《しょき》払《ばら》い」**。

これもまた夏の季語で、「暑さを払いのけること、またそのために酒や薬を飲むことも言う」と俳句歳時記に書いてあります。

「払う」と「祓《はら》う」はどちらも「邪気や災いをとりのぞく」という、悪いものをはらいのける行為のことを言います。「払う」は個人や地域でする時、「祓う」は神社やお寺でそれをする時、という使い分けがありますので、暑気払いには「払い」のほうを使いますが、意味としては「お祓い」なのです。

たとえば夏に「暑気払いにビールでも飲みに行こ」と言ったなら、ビールを飲む正当かつ積極的な理由が発生しますよね。それは、「しゅわっとしたビールによって、暑さによる邪気を払いのける」ということになるからです。

ためしに、さきほどの一から十までの行動の頭に、「暑気払いに」をつけてみますね。

暑気払いに玄関前を打ち水。暑気払いに好きな時間に行水。暑気払いに美術館へ涼みに行く。暑気払いに川沿いを散歩……。

ほら。いつもの行動がお祓いになるという事象が起こります！

開運というのは、それを意識するかどうかのお話。何気ない行動も、それが暑気払いとして、「暑さによるうだうだーとした穢《けが》れっぽい何かを祓う行為」なのだ、と意識づけされれば、それは**りっぱな「お祓い」であって、開運行動**なのです。

みなさんも、ご自分の夏の十の開運行動、考えてみると楽しいですよ。

かき氷について掘ってみたら開運につながったお話

ところで、開運行動の8番目に挙げた、かき氷について。ばくぜんと、「冷蔵庫が発明されてからできた食べ物」と思っていませんか？　じつは、平安時代、清少納言が**「枕草子」**で、「貴《あて》なるもの」のひとつとして、

削り氷《ひ》に甘葛《あまづら》入れて、
新しき金椀《かなまり》に入れたる

と書いているのです。かなまり、とは金属のおわんで、そこに削った氷を入れ、甘葛というシロップをかけたもの、すなわち「かき氷」のことです。

しかし、冷蔵庫も冷凍庫もない時代、希少な氷を、どうやって夏に手に入れていたので

しょうか。

実は、天然の冷蔵庫である「氷室《ひむろ》」を活用していたのです。山間部の気温が低いところに穴を掘って作られた氷室。冬の一番寒いときに、凍った池から分厚い氷を削り出し、藁《わら》やおがくずで覆って夏まで氷室に貯蔵しておく、ということが、奈良時代から行われていました。

元明《げんめい》天皇の御世、710年に藤原京から平城京へ遷都のさい、三笠山の山麓や春日野《かすがの》に氷室が置かれ、氷が宮中に献上される「献氷《けんぴょう》」が行われるようになったと言われています。

奈良市春日野町には、それら氷室の守護神として祀《まつ》られた「氷室神社《ひむろ》」がありますが、地域の氏神さんであるとともに、冷凍・冷蔵・製氷の技術の神様、それらの販売業の神様としても、崇敬されています。

平安時代の中期、醍醐《だいご》天皇の命によりまとめられた「延喜式《えんぎしき》」という50巻の法典の中に、氷室は、「山城・大和・河内・近江・丹波の5つの国の10カ所」が記載されています。貯

蔵と運搬には、「氷戸《ひこ》」と呼ばれる144戸の専門の家が置かれていて、システマチックに宮中へ氷が供給されていたそうです。

清少納言は、平安時代、宮中に仕える貴族だったから、かき氷を食べることができたのです。そんな彼女が書いている、かき氷にかけたという「甘葛《あまづら》」の味が気になりますね。甘い葛《くず》ですから、葛湯のような、すこしとろっとした風味を連想しますが、植物から取った汁、もしくは樹木からとった樹液を煮詰めた琥珀《こはく》色の液体らしい、ということしかわかっていません。再現して和シロップとして売り出したら人気が出そうだな……とつい夢想してしまいます。

現代では、色とりどりのかき氷シロップが、スーパーに売られています。

「市販のかき氷シロップは、イチゴもメロンもレモンも味は一緒で、色と香料だけが違う」という話を聞いたことがあるでしょう。私もためしに目隠ししてイチゴシロップと

レモンシロップを食べて、どちらが何か、当ててみようとしたことがあります。結果は、見事に不正解でした。同じ実験をした娘はどちらもイチゴだと答え、息子はどちらもレモンだと答え、結局全員わからなかったのです。そのときみんな鼻はつまっていなかったので、もはや香料も関係ないのかもしれません。色を見て食べると、ちゃんとイチゴはイチゴの味が、レモンはレモンの味がしました。

私たちはあのあざやかな色を見てそれっぽい匂いをかぐだけで、イチゴ、レモン、メロンのそれぞれのシロップの味を感じることができるし、ブルーハワイの青色を見るだけでラムネやトロピカル風味（これも漠然としていますが）を感じることができるのです。だとすると、五感とはひとつひとつ完全に独立しているものではなく、相互に補完しあう関係にあると言えますね。

あるいは、本来の全体としての感覚を、論理的に理解する方法のひとつとして、あえて視覚・聴覚・嗅覚・味覚・触覚の5つに分けてみただけにすぎないのかもしれません。

「感覚の想像力」を磨いて運を上げる

氷といえば、洋の東西を問わず、**氷に見立てられる石**があります。パワーストーンと呼ばれる石の代表格、「水晶」です。「水晶」という日本語は「水の結晶」を意味します（正確には氷の結晶と言うべきですが）。英語のcrystalもギリシャ語の「krustallos」が語源で、これは「清らかな氷」の意味ですが、物質的には「無色透明の石英《セキエイ》」のことで、その分子式はSiO_2です。水や氷はご存じのとおりH_2Oですから、水晶は水の結晶ではありません。

それでも私たちは、無色透明の石英が反射する光に、生命のみなもとである「水」を感じます。その石をさわると、硬い。この硬さによって、「氷」を感じます。「氷のような石、水晶には、水の持つ浄化の力が、結晶のように固定されている」という感覚が生まれるのです。これを私は**「感覚の想像力」**と呼んでいます。

パワーストーンというのは、石そのものにパワーがあるのではなくて、私たちの感覚が、石にパワーを生じさせているのだと思います。その証拠に、小さな子どもは、そのへんの石ころでいつまでも楽しそうに遊んでいます。子どもは感覚の想像力が豊かなので、石にいくらでも力と役目を持たせることができるからです。

もちろん石に限りません。

「大きな木のそばに行くと、守られているように感じる」
「朝ごはんの気配で目覚めると幸福感に包まれる」
「この場所で夕陽を見ると、全能感がやってくる」

どれもが、複合的な要因による、全体的な感覚だと思うのです。

こういう、全体的な感覚は、五感でいうと何、というふうに、限定して言えるものではありません。**数値化することも、「見える化」することもできない**し、おそらくＡＩは持つことができないでしょう。**「幸せ」とは、感覚の想像力を磨いて得られる「全体的な感覚」によって得られるもの**だと思うのです。

人間の感覚の特性を知ったうえで、全体としての感度を上げていく。そのことが、幸せを感じたり、開運するということにつながっていくのではないかと思います。

ご朱印帳を携えた夏の旅人。願いを叶える「文字」の力

夏季休暇やお盆休みのある8月は、神社にいる者からすると、「遠くからご朱印をもらいにくる方が多くなる月」です。いつもの参拝客に加えて、旅人が多くなるからです。

ご朱印はもともと、お寺で写経を奉納した人が、その証としてお寺からいただくものでした。やがて江戸時代に徳川幕府が全国の街道を整備したおかげで、庶民による「神社仏閣参詣の旅」が大流行したこともあり、**ご朱印は神社でもお寺でもいただける「参詣の証」**となったようです。

お寺でいただくご朱印には、ご本尊の名前と参詣日が、神社でいただくご朱印には、神社名と参詣日が、筆文字の手書きで書かれているのが一般的です。が、基本的に自由なので、お寺のご朱印には梵字《ぼんじ》（古代インドのサンスクリット語を表記する

文字）や真言《しんごん》（仏や菩薩《ぼさつ》の言葉）が書かれていたり、神社のご朱印にはご祭神《さいじん》や和歌が書かれていたりすることもあります。

文字の書き手によって、神社名の漢字の一部が縁起のよい動物のデザインになっているなどの遊びも見られ、同じ神社やお寺のものでも、何ひとつ同じものはありません。**手書き文字であるからこその、一期一会の記録**なのです。

ご朱印の魅力は「集める」ところにもありますよね。ご朱印帳は、糸で綴《と》じられておらず、長い紙が蛇腹《じゃばら》に折りたたまれていて、その最初と最後に硬い表紙がついています。参詣した順番に、神社やお寺のご朱印を押してもらいますので、蛇腹を広げると、これまで書かれたご朱印がずらりと並ぶのです。

ご朱印そのものには、御札や御守りのように「守ってくれる力」はありませんが、神社のご朱印なら**「神様とご縁を結んだ証」**ですから、それが増えれば増えるほど、縁と縁が共鳴して、運気が上がるように思います。

ところで、神社で文字を書くのは、神職や巫女《みこ》さんだけではありません。みなさんも、きっと一度は神社で絵馬に願いごとを書かれたことがあるでしょう。神社によっては、願い事を書いて焚《た》き上げる「祈禱木《きとうぼく》」や、「かわらけ」という素焼きの盃《さかずき》に願い事を書いて高いところから投げる「かわらけ投げ」、人の形をした紙に願い事や体の治したい箇所を書いて水に流したりお焚《た》き上げしたりする「人形《ひとがた》祓い」などがあり、どれも願い主本人が、自分の手で、名前と願いを書くものです。

手で文字を書く、という行為は、そのまま「強く願う」という行為なのです。漠然とした思いを言葉にし、さらに文字という形にして、手で書く。そのことによって、願いは自分の体に行為として刻まれ、日々の行動が変わり、結果として願いが叶いやすくなる……。

このしくみに、神社では「投げる」「燃やす」「水に流す」、あるいは「結ぶ」といった、身体的な遊びの要素が組み込まれているのです。神様はこうした遊びが大好きですから、遊びに加わって、私たちの願いを読んでくださる、そんな構造になっていると思います。

私もこうした遊びが大好きなので、旅先の神社で「かわらけ投げ」があるときにはかならずやっていますが、やはり願い事を書くときには、めっちゃ吟味して、丁寧に書きます。

手書きは、神社での祈願だけでなく、毎日の仕事や暮らしにも取り入れることができます。デジタルの時代でも、日々のタスク

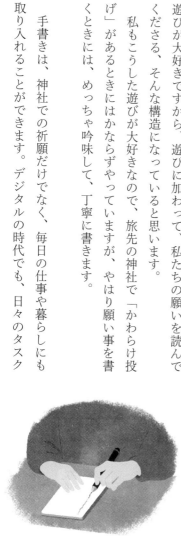

やライフログを手帳に手書きしている人は多く、8月の手帳売り場には、もう来年の手帳がずらりとならんでいます。どう考えてもデジタルのほうが合理的なのに、「手帳沼」にはまるのは、紙の手ざわり、ハンコの魔力、ペンの書き味、見返したときの唯一無二感、そして手書きの持つ「引き寄せ」の力など、合理性をはるかに上回る魅力があるからではないでしょうか。

まずは手始めに、自分の好きな言葉や、美しいなあと思った文章の一節、感動した推しの発言などを、丁寧に書いてみるのがおすすめです。ただマーカーを引いたり、スマートフォンのメモ機能にコピペしたりするよりも、言葉が自分の中に入ってくるのを感じるはずです。その感じが気に入ったら、習慣にしてみてください。好きな言葉や願いを体に定着させることができます。**これらの好きな言葉や願いは、同じ性質のものを引き寄せて共鳴し、運を上げる助けになります。**

そして、これはけっこう意外に思われるかもしれませんが、負の感情があるときには、それを紙や手帳に書き出します。仕事で失敗をして叱られた。嫌な人に嫌なことを言われて、もやもやした……。そんな内容も、宿題の書き初めのように、ゆっくり、丁寧に、集中して、自分史上最高の美文字で書きます。**負の感情を書き出すことによって、体の外に出すイメージ**です。数日たってからそのページを見ると、書いている内容と美文字とのギャップが笑えて、「もう厄《やく》は落ちているな」と実感するのです。

この浄化方法を身に付けると、スマートフォンで誰かに長文の「負のメッセージ」を送って困らせる、ということもなくなり、負の感情を手放すことができて、運を呼び込むことにつながります。

4月の項でご紹介した、運が上向く「よきこと日記」も、きれいな字を心がけるとさらに幸福度が上がります。すこしページをぱらぱらとめくって、自分の文字を見てみましょう。日によって字のクオリティが違うと思います。

忙しくて呼吸が浅いときには字も浅い。気分が荒れているときは字も荒い。丁寧な暮らしをした日は字も丁寧。生活は字に出る。そして生活は顔にも出る。**毎日きれいな字を書くようにしていると、生活もきれいになって、顔もきれいになる、**そんな気がします。

コラム

四季そのものが奇跡

季節の変化はどうして起こるのでしょうか？

それは、地球の自転軸が公転面に対して約23.4度という絶妙の角度で傾いているからです。

地球は太陽の周りを回っていて(公転)、一年かけて一周します。地球自身も、北極と南極を結ぶ線を軸として回転していて、これを「自転」と呼び、その一周する時間が「一日」です。

そして、地球の自転軸の向きが、公転面(黄道面)に対して垂直ではなく、約23.4度傾いていることで、一年の中で日照時間に変化が起こり、季節が変化するのです。

○春分・秋分＝自転軸は太陽に垂直で、どの緯度でも昼と夜の長さがほぼ同じ。
○夏至＝北へ行くほど昼が長くなる。北極付近でほとんど昼。南極付近でほとんど夜。
○冬至＝南へ行くほど昼が長くなる。南極付近でほとんど昼。北極付近でほとんど夜。

赤道付近では、昼と夜の長さは一年中あまり変わらず、緯度が高くなるほど、昼と夜の長さの季節変化が激しくなります。

日本列島が位置する北緯20度から46度は、年間の日照時間の変化がほど良く、それは人間にとって豊かな自然環境を生み出す要因になっています。

地球の自転軸の角度と、**日本列島が位置する緯度によって、「奇跡的に」豊かな四季が生まれている**わけですね。日本列島に生まれた私たちは、そもそも運が良い、ラッキーな民族と言えますね！

9月

月にあやかる

長いあいだ、月の満ち欠けによる暦《こよみ》で暮らしてきた日本人。とくに、仲秋の名月には、その光を眺め、浴びることによって満月の力を得てきました。月について知っていると、自分のバイオリズムも整えやすくなります。

菊の花は不老長寿の薬だった！美肌と若返りを願う「菊の着せ綿」とは？

9月9日は重陽《ちょうよう》の節句です。

陰陽思想で、奇数は「陽」。奇数の中でも一番大きい数字「9」が重なる9月9日は、陽が重なると書いて「重陽」の節句なのです。

とはいえ、3月3日の桃の節句や、5月5日の端午の節句、7月7日の七夕など、ほかの節句よりも、馴染みが薄い気がしますよね。でも、重陽の節句は、飛鳥時代にはすでに中国から日本に伝わっており、平安時代には**「重陽節」**として正式な宮中行事がありました。いったいどんなことをしていたのでしょう？

平安時代に編纂された歴史書**「日本紀略」**の大同2年（807）の記事には、

「九月九日者菊花豊楽聞食日」

とあり、これが最初の重陽節の祝宴とされています。真ん中あたりに「菊花」という文字が見えますよね。９月９日は「菊」なのです。菊の花をひたした清酒を飲み、和歌を詠み音楽をたのしんで健康と長寿を願うのが、この日のならわしでした。

中国では、「魏の初代皇帝、曹丕《そうひ》は幼いころ、体が弱く、長くは生きられないと言われたが、菊酒を飲んで健康になり、のちに皇帝になった」という伝説もあるほどで、**菊は「不老長寿の薬」として栽培されてきた植物。**そのアンチエイジング効果は、重陽の節句の行事とともに、日本にも知らされたようです。

菊を使ったアンチエイジングのおまじないが、「**枕草子**」にも書かれています。

九月九日は暁がたより雨すこし降りて、菊の露もこちたうそぼち、おほひたる綿《わた》などもいたく濡れ、移しの香ももてはやされたる（＝９月９日は明け方から雨がすこし降り、菊の露もたくさんできたので、菊をおおっていた真綿がじゅうぶんに濡れて、移り香がもてはやされている）

ここでいう「綿」は、真綿《まわた》のことで、絹《シルク》のわたです。このころの宮中では、前の晩からシルクのわたで菊を覆っておいて、9月9日の朝に、朝露と菊の香が移ったわたを取り入れ、それで顔や体をぬぐうという、アンチエイジングのおまじないが行われていたのです。これは「菊の着せ綿《わた》」と呼ばれていた風習です。

「紫式部日記」には、紫式部が、ある人から「菊の着せ綿」を届けてもらったときのことが書かれています。

9月9日の朝、藤原道長の妻、倫子《ともこ》から紫式部に「特別に」と菊の着せ綿が送られ、「これで老いを充分にぬぐい去りなさいませ」とことづてがありました。倫子は紫式部よりも身分が上です。そんなお方が、手間のかかる菊の着せ綿を（お付きの者にさせたにせよ）、わざわざ届けてくれた。そこで紫式部が取ったリアクションはこうです。

菊の露若ゆばかりに袖触れて花のあるじに千代は譲らむ

（＝この菊の露に、私はほんのちょっと若返る程度に袖を触れるだけにして、この露がもたらす千年もの齢《よわい》は、花のあるじ（倫子さま）に

お譲りします)

この歌とともに菊の着せ綿をお返ししようとしたけれど、倫子はすでに帰ってしまっていたので、お返しできずに手元に残った、と、「紫式部日記」には記されているのです。

こののち、倫子は90歳まで生きるご長寿となり、紫式部は生まれ歳がわからないので不明ですがおそらく40～45歳まで生きたとされています。当時貴族の女性の平均寿命が27歳くらいであったとされていますから、二人とも長生きしたのです。きっと、菊の着せ綿のおかげですね。

花を食べる

現代で菊の効能を体に取り入れるなら、食用の菊花でしょうか。おもに薬用として栽培されてきた菊の花を、「食べる」という文化が発生したのはいつごろからか、はっきりとはわかっていませんが、江戸

時代の文献には菊花を使った料理が記されていて、俳人の松尾芭蕉のお気に入り食材だったとも言われています。

9月9日の重陽の節句の時には「寿」という黄色い菊の品種が出まわり、**各家庭で菊料理を食べて健康と長寿を願った**そうですよ。

へえへえ。と感心したところで、ざっと、食用菊の栄養とその効能をあげてみますね。

ビタミンE：強い抗酸化作用。

ビタミンK：骨の健康。カルシウムの吸収を助ける。

ビタミンB_1：糖質の代謝。

ビタミンB_2：皮膚、粘膜、髪、爪などの再生。

葉酸：細胞の生産と再生。

クロロゲン酸：強い抗酸化作用。

やはり、目立つのは「強い抗酸化作用」、アンチエイジング効果ですね。

お刺身（関西では「おつくり」と言います）の「つま」に、小菊の花が使われていることがありますよね。彩りに加えて、菊の精油には解毒作用があるからだそうです。花びらをちぎってお刺身にふりかけるなどして、食べるとよいそうです。

食材としての菊花は、スーパーなどで、花の部分だけを摘んだものや、花びらだけのものがビニール袋やパックに入れて売られています。食べるのは花びらの部分だけ。沸騰したお湯に、酢を少々入れて、花びらをさっと湯がきます。すると菊の花の色が清らかに、あかるく発色します。**「湯がく」**とは、余分なものを取り去って本来の清らかな色を出す日本の調理法。ここにも**「清め」の概念**があります。

湯がいた菊の花はざるに取って冷水にさらし、ぎゅっとしぼって水気を切り、お醤油《しょうゆ》をかけて食べてもおいしいですし、ごはんにまぜたり、ほうれん草とまぜたり、なめこや大根おろしと和えたりします。ごま和え、くるみ和えも、おいしくて栄養があります。酢の物もいいですね。

茱萸嚢《ぐみぶくろ》で病気除けし、体調を整える

さて、9月9日の重陽の節句は、5月5日の端午の節供に飾った「薬玉《くすだま》」を**「茱萸嚢《ぐみぶくろ》」にかけ替える日**でもありまし

た。薬玉は、薬効と芳香のある植物を嚢《ふくろ》に入れて玉にしたものでしたよね。茱萸嚢は、赤い布に、匂いの強い漢方薬「呉茱萸《ゴシュユ》」を入れたもので、薬玉と同様に、魔除けの飾り物です。

呉茱萸は、体の中心であるお腹を温めて冷えを取り除く効果がある生薬。呉（中国）の茱萸《ぐみ》を主成分とするお薬なので、それを入れて飾る袋を、茱萸嚢《ぐみぶくろ》と呼んだのですね。

茱萸《ぐみ》の語源は、その果実を食べるときには実を口に含み、皮を出すことから「含む実《くくみ》」が変化したとする説と、果実にしぶみがあるため「えぐみ」からきているという説があります。

弾力がある食感が楽しいお菓子の「グミ」は、ドイツ語の「ゴム」を意味する「Gummi」が由来だと言われている、まったくの別物なのですが、ちょっとイメージが似ているのは、偶然の一致とはいえ、おもしろいですね。

こうして、5月5日に「薬玉」を、9月9日に「茱萸嚢」を、交換でかけることによって、「時」という、目に見えず、流れていくものにいったん区切りをつけ、視覚化する。これからやってくる季節への構えを、頭と体、感覚で、しっかりととる、ということをやってきたわけです。

一見、風情を楽しんでいるだけのように思える節句行事にも、じつは病気除けや、体調を整える実効性があるのです。

月見だんごは、お月様へのお供え。完全体としての満月にあやかる、仲秋の名月

秋といえば**「仲秋の名月」**。月見だんごを連想する方も多いでしょう。月見だんごは、かならず木の台にのせられていますね。これは、「三方《さんぼう》」と呼ばれるもので、神様へのお供えものをのせる台です。

ということは、月見だんごはお供え物なのです。誰にお供えしているのかというと、「お月様」です。

神社では、神様にお供えした食べものを下げてき

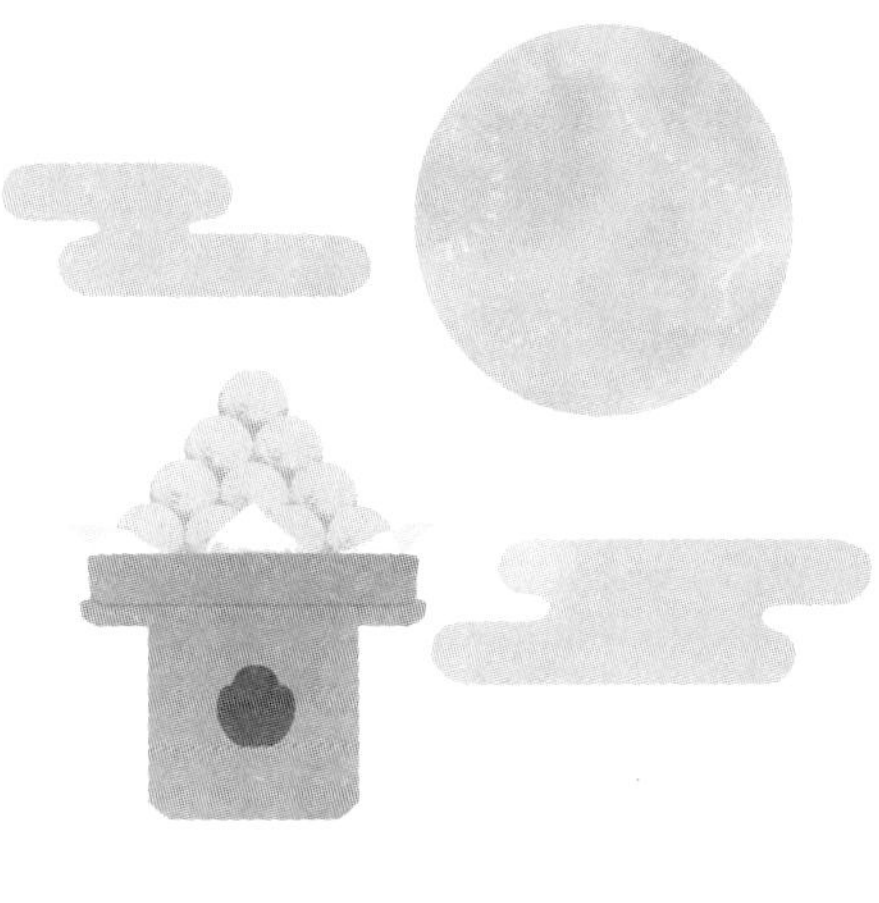

ていただくことは、**「ご神威《しんい》をいただく」**ことを意味します。

平たく言うと、お供えした食べ物には、神様の威力がそなわっているので、それを体に取り込むという行為なのです。

お祭りのあとの直会《なおらい》で、お供え物を下げてきてみんなでいただくことには、そういう意味があります。

いやあ、ご神威と言われると、すこしハードルが高いなあ。と思われる方も、いったんこちらを想像してみてください。

三方にのせられ、名月の月光を浴びただんごと、そうでないだんご。

正直、だんごの成分が変わるわけではないけれど、名月の月光を浴びただんごのほうが、なんかいい気がしませんか？

私は、この**「なんかいい気がする」という感覚がとても大事**な気がしています。

同様に、**空の澄んだ秋に満月を眺める**、ということも、「なんかすごくいい」気がしますよね。根拠はないけれど、なんだか自分の心身にいい作用をおよぼして、運が拓かれる感じがします。ただ眺めるだけなのに。

この感じをあえて言語化してみると、近いところで日本語には**「あやかる」**という言葉がありますよね。漢字で書くと「肖る」、肖像画の肖です。

辞書で調べてみると、「めでたいもの、幸福な人に似て自分も幸福に恵まれる、またはそうなるように願うこと」とあります。

「あやかる」の語源は「あや（形、模様）を借る」だと考えられていますが、形や模様とは、視認するもの、つまり光ですよね。ある物体が反射している光が、目を通して、私たちの脳で形や模様として認識されているわけです。私は美術館に行くのが好きなのですが、絵や作品を見るということも、つまりはその物体が反射する光を、目を通して体に入れている感覚です。だから、**美しいものを見ると、自分が美しくなる**気がするのです。

そう考えると、「満月を見る」ということは、「円のかたちをした光」を見ている、摂取していることになりますよね。

円のかたちをした光。

いかにも、福徳のご利益《りやく》がありそう。名月のように、静かであかるく、まるく美しくなれる気がします。

神社の拝殿に、丸い鏡があるのをごらんになられたことがあるでしょうか。鏡そのものは、ご神体ではありません。ご神体は、本殿の御扉《みとびら》の中に鎮座されています。あの丸い鏡はとてもいろいろなことを示しているのですが、そのひとつは「**鏡に映し出されるものすべて（自然界のあらゆるもの）は神であるということ**」だと言われています。

また、仏教では**「円」は空、風、火、地を含んだ世界全体を表し、悟りや真理の象徴であり、見た人の心を映し出すものでもある**、とされています。

満月を見上げ、円のかたちをした光を見るということは、これらのことを体感し、**「満ちた状態、完全体としての満月にあやかる」**ということのように思われます。

月見だんごは、満月に似せた丸い形をしていますよね。満月を眺め、月見だんごをお供えして、月光を浴びた月見だんごをいただくことによっても、月の力をいただく。そんな意味があるように思うのです。

地方によっていろいろ違う！　月見だんご

ああ。ここまではシンプルにまとまったのですが、そうはいかないのが季節のお話です。私は大阪に引っ越してきて、「月見だんごが丸くない」ということに衝撃を受けました。関西の月見だんごは、楕円形をしていて、こしあんのお布団をかぶっているのです。

実はこれ、里芋のかたちを模しただんご、と言われています。どうやら、秋に収穫した里芋をお供えした、古来の「十五夜」の名残りらしいのです。里芋は、お米より前から食べられていて、縄文時代後期以前から日本に入っていたとされていますから、古くは芋と言えば里芋のこと。「仲秋の名月」は別名「芋《いも》名月」とも呼ばれますが、この芋は、里芋のこと。だんごの上にあんこをかぶせるのは、昭和に入ってから京都で考案されたそうです。

そもそもお月見は、**秋の収穫を月に感謝するお祭り**でした。すすきは稲の穂に見立てた、神様の依り代《よしろ》。依り代とは、神様が降りてくるもののことです。その他に、土地でとれた里芋、栗、豆などの収穫物をお供えしていたのです。

関西の月見だんごは、里芋に見立てただんごを月にお供えして収穫に感謝し、月の力をいただく、というもので、「見立てる」と「あやかる」の二段がまえになっているわけですね。

そこで、関西以外の月見だんごも調べてみました。

愛知県はしずくの形をした、ういろう素材で3色（白、桃、茶）。これも里芋の形を模したものだそうです。

静岡県の駿河地方は、白い団子を平たくして中央をへこませた「へそもち」。

また、地域に限らずあんこの入った白丸だんごをお供えする家庭もあるようです。

そして沖縄は、小判形もしくは俵形の餅に、ゆであずきがまぶしてある「ふちゃぎ」。

もはやだんごの域を超えたものもありますが、どの月見だんごも、その地域の方が「小さなころに家のみんなで作った」「おばあちゃんと一緒に作った」という思い出とともにブログなど

で紹介されていて、見ているだけでたいへんほっこりします。

月見だんごは、お腹の中におさまって消えるけれど、家で季節の行事を楽しんだ記憶は私たちの脳に刻まれて、大人になってからふと思い出したり、傷ついた心を癒してくれたりしますよね。

食べ物には、成分表には上がってこない要素があります。形（光）、色、触感（手触り、歯触り、舌触り）、匂い。これらを、「時」と結びつけて、記憶という栄養にするのが、月見だんごのような「行事食」なのかもしれません。

とはいえ、小さい子どものいる共働きの核家族家庭では、なかなか「行事食」を実践するのが難しかったりしますよね。そこで日本では、みんなで同じものを食べる「学校給食」の中に、行事食が組まれています。たとえば9月の場合、月見うどんに小さな白玉団子を添えたもの、さつまいもごはんと月見つくねなど、お月見にちなんだ献立が出されています。

生徒が給食当番として持ち回りで食事のお給仕をすることによって、季節の献立の意味や、旬の食べ物についての知識が、自然と身につくのです。海外の人々から絶賛される、**日本の学校の「給食」と「お掃除」の習慣**。その根底には「神様と暮らす」という日本人の伝統的なライフスタイルがあると、私は思っています。

欠けた月も愛しむ秋。「何もしない時間」が幸せを生む⁉

前項では、満月を眺めることが開運につながるお話をしました。

実は、満月だけではなく、**毎日の月の満ち欠けを意識すると生活が変わる**、というお話を聞いたことがあるかと思います。

旧暦では、月がまったく見えない**「新月」を一日（ついたち＝月が立つ日）**とし、だんだんふくらんでいって、**十五日が満月**、それからまた欠けていって、新月になるまでを「ひと月」とします。左ページを参照してください。

たえず「ふくらむ、満ちる、欠ける、なくなる」をくりかえしている月を見て、昔の人は、さまざまな名前をつけていました。それぞれの名前のつけ方にも、雅《みやび》が溢れていますよね。

ちなみに、「十三夜」というのは満月から少し（2日）手前の月のこと。完全な形をしていない月を、2番目に美しい月として「十三夜」と呼び愛《め》でるというのも、日本人が誇るべき感性ではないでしょうか。

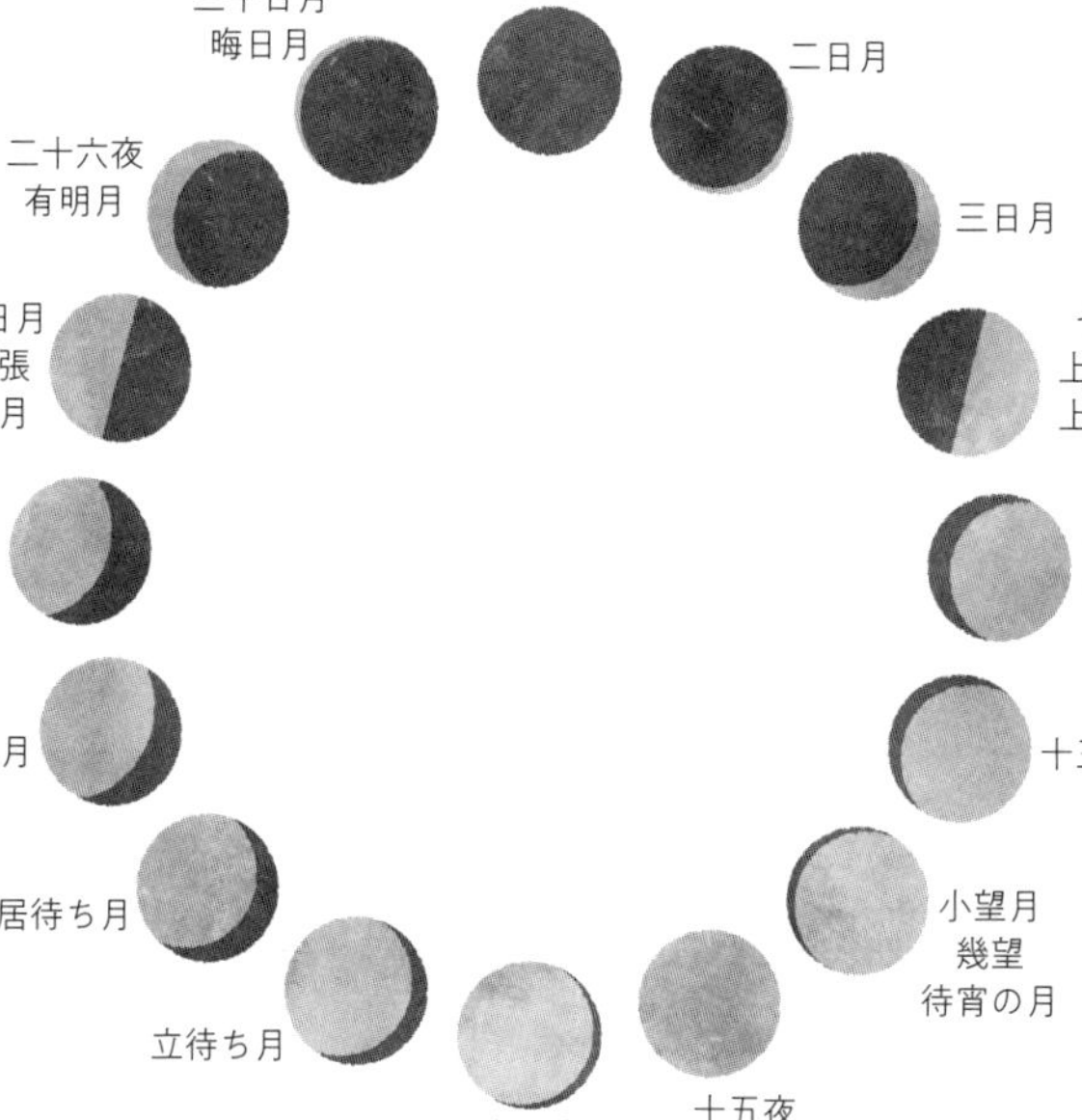
朔月
新月
二日月
三日月
七日月
上の弓張
上弦の月
十日夜
十日月
十三夜月
小望月
幾望
待宵の月
十五夜
満月
望月
十六夜
立待ち月
居待ち月
寝待ち月
更待ち月
亥中の月
二十三日月
下の弓張
下弦の月
二十六夜
有明月
三十日月
晦日月

一日…朔月【さくづき】

「朔」とは「遡《さかのぼ》る」の意味。姿がまったく見えない月をさします。月が見え始める「みかづき」から2日さかのぼった月、という意味。

二日…二日月【ふつかづき】

朔月の翌日なので既朔《きさく》とも、繊維のように細いので、繊月《せんげつ》とも呼びます。

三日…三日月【みかづき】

「みかづき」は「朏」の訓読みです。「腕」「胸」「脚」などからもわかるように、「月」は肉体をあらわす部首です。「月の肉体が生まれ出てきた状態」という意味になります。

七日…七日月【なのかづき】・半月・恒月

ほぼ半円で、月入りのとき、弓を張ったような形に見えるところから、上弦《じょうげん》の月・弦張月《ゆみはりづき》とも呼びます。

十日…十日夜【とおかんや、とおかや】・十日月【とおかづき】

旧暦の10月10日には、稲刈りが終わって、田の神様が山へ帰るのを見送る「十日夜」というお祭りがあり、観月の慣習もありました。

十三日…十三夜月【じゅうさんやづき】

旧暦9月13日の十三夜のみ、旧暦8月15日の十五夜について美しいとされ、「のちの月」としてお月見の習慣があります。このころ収穫される栗や豆から「栗名月《くりめいげつ》」「豆名月《まめめいげつ》」とも言われます。

十四日…小望月【こもちづき】・幾望【きぼう】・待宵の月【まつよいのつき】

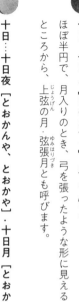

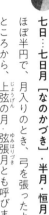

十五日…十五夜【じゅうごや】＝望【ぼう】・満月【まんげつ】・望月【もちづき】・名月【めいげつ】・天満月【てんまんげつ、あまみつつき】・最中の月【もなかのつき】・円月【えんげつ】

など、丸い、満ち足りている、完全であるというイメージの名前がついています。

十六日…十六夜［いざよい］

「いさよう」「いざよう」からきた言葉。満月より月の出がすこしだけ遅いので、月がためらっているとの見立てです。

十七日…立待ち月［たちまちづき］

そろそろ出てくるかなーと立って待っているうちに出てくる月という意味。

十八日…居待ち月［いまちづき］

前日より月の出が遅いので居間などに座って待つのがよいという意味。

十九日…寝待ち月［ねまちづき］

満月の月の出から4時間程遅くなるため、月は寝て待つというところからきた名前。

二十日…更待ち月［ふけまちづき］・亥中の月［いなかのつき］

夜も更けてからようやく出る月という意味。亥の刻とは午後9時から11時ごろのこと。

二十三日…二十三日月 半月［はんげつ］・下の弓張［しものゆみはり］・弦月［げんげつ、ゆみはり］・恒月［こうげつ］・破月［はげつ］・破鏡［はきょう］・片割月［かたわれづき］・下弦の月［かげんのつき］・偃月［えんげつ］・彎月［わんげつ］・真夜中の月［まよなかのつき］

二十六日…二十六夜月

月光に阿弥陀仏・観音・勢至の三尊が姿を現すと言い伝えられ、特に江戸では旧暦7月26日に高輪・品川などで、月見が盛んに行われました。

三十日…三十日月［みそかづき］・晦日月［みそかづき］・晦［つごもり、みそか］・月隠り［つきこもり］

月が太陽に近すぎて姿が見えないことから「月隠《つきごもり》」が変化した晦《つごもり》は毎月の最終日を言うようになりました。

最近は「月の暦」がついたカレンダーや手帳も売っています。「今日はどんな月かな」と、月を見上げるときの参考にするのも楽しいですよね。

私はとくに、十五夜のあとの数日間……いざよい、たちまち、いまち、ねまち……のくだりが、なんとも言えず好きです。秋の澄んだ空に月が出るのを、ただ、ぼーっと待っている、という情景が浮かぶからです。

いまの私たちは、月の出をぼーっと待つなんてことを、しませんよね。それどころか、「特になにもしない時間」が、とんでもなく少ない、あるいは、まったくないような気がします。けれど、「月がきれいだから散歩しよっか」とか、「月がきれいだからベランダに出て一杯だけやろうか」、なんていう時には、得も言われぬ安らぎを感じます。安らぎ＝幸せ、と言ってもいいのではないか、と思うほど、安らぎは尊いものです。

安らぎや平穏がもっとも尊い状態である、という概念は、神社で神職が奏上する**「祝詞《のりと》」**にも表れています。祝詞というのは、神様を言祝《ことほ》ぎ、祈願を述べることで、「やまとことば」で書かれています。そして、どんな種類の祝詞にも、「平らけく安らけく聞し召し（たいらけくやすらけくきこしめし）」「穏ひに守り給ひ（おだひにまもりたまひ）」といった、安らぎを願うフレーズが、かならずと言っていいほど入っているのです。

「ツクヨミ（月読命）の時間」を作る

ここで、神道における「三貴神」の一柱（神様を数える単位は「柱」です）でありながら、謎に包まれている神様、**「ツクヨミ（月読命）」**についてすこしお話ししたいと思います。

以前、3月の項で桃の霊力についてお話しするときに、「イザナギという神様が、黄泉《よみ》の国から逃げるときに桃の実を投げて追手をまいた話」をご紹介しました。

あのあと、イザナギは、身に着けていたものをぜんぶ捨てて裸になり、流れる水辺で「みそぎ」をします。

彼が左の目を洗うときに生まれたのがアマテラス（天照大御神）。右の目を洗うときに生まれたのが、ツクヨミ（月読命）。鼻を洗うときに生まれたのがスサノオ（須佐之男命）。そしてこの三柱が「三貴神（三貴子）」です。

イザナギがたいへんよろこんで、「吾は子を生み生みて、生みの終《はて》に三はしらの貴き子を得つ」と言ったことから「三貴神」と呼ばれているのですが、このあと、アマテラスとスサノオについてはめちゃくちゃたくさんのおもしろいエピソードが語られるのに対し、ツクヨミはほとんど出てきません。**「古事記」**では、ツクヨミは父であるイザナギに、「汝命（いましみこと）は、夜の食国（をすくに）を知らせ」と言われるのですが、それ以降、一回もツクヨミが出てきません。

これでは、

「ツクヨミは、たぶん、夜の国を治める、月をつかさどる神様なんだな」

「アマテラスが太陽神なんやから、ツクヨミは月の神やろな、しらんけど」

という漠然としたイメージしか得られないのです。

心理学者の河合隼雄《かわいはやお》さんは、このことについ

て、「神話と日本人の心」の中でこんなふうに書いています。

『古事記』『日本書紀』の本文に注目する限り、ツクヨミはほとんど「無」に等しいと言っていいだろう。三貴子と言いつつ、中心のツクヨミが無為であることは極めて重要である。

アマテラス（姉）とスサノオ（弟）という、戦闘能力も統治能力も高い二柱の間にいるツクヨミが、「何もしない」神様であるということが、どうして「極めて重要」なのだろう？　私には河合隼雄さんの言っていることがわからず、ずっと疑問でしたが、最近なんとなく腑に落ちるようになったのです。

というのも――。

水墨画の白い部分／がらんとした床の間／水のない庭、枯山水／何もない部屋／何もしない時間／夜空の月を眺めるひととき。

こうしたものの尊さに、気づくようになったからです。

そんなわけで、私がおすすめする**9月の開運行動は、「しない時間をつくる」**です。

何も買わない日／ごはんをつくらない日／お化粧しない日／携帯を見ない時間／何も考えない時間／何もしない時間。

そしてお月様をただ眺める。

こういう時間を、「ツクヨミの時間」と呼ぶことにしましょうか。

私が思うに、昔の人は何もせずぼーっと月を眺めるツクヨミの時間に、むちゃくちゃいい歌や俳句、散文を生みだしています。

吉田兼好の「徒然草《つれづれぐさ》」には、「配所の月」という言葉がでてきます。

顕基中納言の言ひけん、配所の月、罪なくて見ん事、さも覚えぬべし
（＝顕基中納言が言ったという、配所の月を、罪のない身の上で見たいという事。そんなふうに思われることだ）

「配所の月」は島流しになった場所で見る月のことです。島流しになった身ではなく、さびしい流刑の地で見る月は、さぞよかろう。という感じですね。

リアルに島流しになった身では、自分の身の上が辛すぎますが、そうではなくて、島流し先のようなところで、「無」と「孤独」を味わいながら眺める月はよさそうだなーという、都会人的な発想。ここまでいくと、ツクヨミ時間の達人という感じがしますね。

ああ、今日は良いツクヨミの時間が持てた。

そんな日が続くと、いつのまにか幸せになっている気がします。

コラム

「可愛い」が運気を上げる！

日本の神話を読んでいると、神様たちの天衣無縫ぶりに、思わずほほえんでしまいます。可笑しみや可愛らしさは日本の神様の特徴と言えそうです。

「可愛い」という言葉は、外国でも訳されずにそのまま「カワイイ」という誉め言葉として使われていますよね。私は、可愛いという概念は日本独特のセンスから生まれていると思っています。そして神社のお守り・縁起物なども、「可愛い」ものが多い。

そう、「可愛い」は神様から始まっているのです。可愛いものを見て、**「可愛い！」と言祝ぐこと**も、**可愛い物を身に着けて気分を上げる**ことも、神様と親しくおつきあいすることにつながり、運気の向上になるはずです。

日本の季節行事は、奈良時代や平安時代に当時超先進国だった中国から宮中へ伝わり、その後の時代に武家や庶民へと広がっていったものが多いので、ベースには、**中国の古代哲学である「陰陽五行説」**があります。しかし、日本の人々は陰陽五行説をそのまま取り入れるというよりも、**以前から日本にあったおおらかな神様祀りの文化と混ぜて、独特の季節の行事**を作り出してきました。

日本の季節行事が可愛らしさにあふれているのは、日本各地に古来あった「神様と親しく遊ぶ文化」が大きく影響しているように思うのです。季節行事もやっぱり「可愛く」「楽しく」するのが日本らしい、ということですね。

10月

実りを言祝ぐ

虫の声を聞く。湯気を言祝《ことほ》ぐ。紅葉を愛《め》でる。当然のようにしていることだけれど、五感を研ぎ澄ませれば、もっと満たされる。秋はそんな事象がいっぱいです。

虫の音を楽しむ日本の風習は、世界的にも珍しい！

私の住んでいる大阪は、秋になっても気温が高く、夏の延長戦、といった感じが否めません。そんな折、東北地方の山あいに住んでいる友人と、夜に電話で話しておりましたら、鈴虫の声が聞こえてきて、その瞬間、「秋がきた」と思いました。残暑でぐだぐだしていた五感が、秋に向かって、ぱあっと開いた心地がしたのです。

鈴虫の声の周波数３５００〜４５００ヘルツは、通信規格３Ｇの回線を使っていたころには切り捨てられていたので、携帯電話やスマホでは聞こえなかったそうです。ところが今は、通信速度も、一度に送ることのできるデータ容量も、再生するアプリケーションの性能も格段に上がったので、50〜１万４４００ヘルツの周波数をやりとりできるようになっています。

それにしても、電話の向こうの鈴虫の声だけで、秋の訪れを感じ、懐かしいひんやりとした空気の感触まで思い出す……というのは、いったいどういうことなのでしょう？

ふと、私の子どもたち（ふたご）が1歳のころに、保育園の若い先生から言われたことを思い出しました。

「お子さんと一緒に外に出て、お花が咲いていたら、きれいだね、と声をかけてあげてくださいね。そうすることで、お花がきれいだな、という感情が育ちますからね」

ひょっとしたら、保育の世界では常識なのかもしれませんが、そのときの私は、この言葉にたいへん胸を打たれました。たしかに、**「きれい」という感情は、見ている対象と「きれい」という言葉がつながったときに、はじめて認識されるのではないか？** と思ったからです。

以来私は、お散歩のたびに、花や木や草、昆虫やカナヘビ、夕焼けやいわし雲にいたるまで、見つけたら子どもに「きれいだね」「可愛いね」「おもしろいね」と言い続けてきました。何らかの感情が生まれたとき、それを言葉でなぞることによって、その感情と対象物がきちんとつながって強化される気がしたのです。

自然界の「音」に対しても同じことが言えるのではないでしょうか？

日本語は、オノマトペ（擬音語、擬態語、擬声語）がとても多い言語と言われますよね。

秋の虫で言うなら、
アオマツムシが、りー、りー、りー／マツムシが、ちんちろりん／クサヒバリが、ふぃりりり／カンタンが、るるるるる／キリギリスは、ちょん、ぎーす／コオロギは、ころころりーりー／スズムシは、りりーん、りりーん。などなど。

虫が翅《はね》をこすって出す「音」をオノマトペで言語に組み込んで、「秋だね」「いいねぇ」「風情があるねぇ」「わびてるね」「さびてるね」と言祝《ことほ》ぎ続けた結果、虫の声を聞く**「虫聞き」という文化**が日本に定着したのではないかと思います。

虫の声を聞いて「秋だね」と言って楽しむ大人に囲まれて育った私は、電話口のむこうにいる鈴虫の声を聞くだけで、「秋」という季節を自分に引き寄せることができたのでしょうね。

ところで、虫の声を楽しむ「虫聞き」の趣味は、日本では古くからありますが、世界的

にはめずらしいそうです。そして、それは**日本人の脳の使いかた**に関係しているという説があります。

医学博士の角田忠信さんの研究によると、日本語を母国語として話す人の脳は、「虫の鳴き声」を、「日本語の音声範疇《はんちゅう》」と同じ領域（脳の左半球）で受け止めていて、欧米人は言語以外の音を受け止める領域（脳の右半球）で処理していると言います。

おおざっぱに言うと、**日本語を話す人は、虫の声を、「言語を処理するのと同じ左脳」で処理していて、欧米の言語を話す人は、「音楽を処理するのと同じ右脳」で処理している**、ということです。

虫だけでなく、鳥など他の動物の鳴き声、波、風、雨の音、小川のせせらぎ、邦楽器の音も日本人は左脳で処理していて、「音楽」については西洋人と同様に右脳で処理しているそうです。

うーん。「虫が翅をこすり合わせて出す音を、言語として聞く」というのは、どういうことなのでしょうか。べつに音楽として右脳で処理したっていいじゃないか。謎です。

実際、虫の出す音は、「メスへの求愛」「なわばりの確認」「オス同士のあらそい」などのコミュニケーション手段である、と考えられているので、それを「言語」と呼ぶこともできます。でもそれは、虫同士の言語。人間が聞く場合は、欧米人のように「ふつうに音として聞く（または聞かない）」のでよかろう、と思います。

日本人が「虫の声」を言語として聞いている、ということは、「自分にとって何かしらの意味がある」「自分が話しかけられている」と感じて聞いている、ということではないでしょうか？　音には意味がないですが、言葉には意味がありますから。

でも、虫の声の意味って……？？？

「日々のすべてのものに神仏のメッセージが組み込まれている」ことに、空海は気づいていた

平安時代、遣唐使船に乗って唐へ渡り、恵果《けいか》という偉い僧から「密教」のすべてを受け継いで帰国した**空海**《くうかい》は、『声字実相義』という、漢文で書いた著作で、声と字についてくわしく教えてくれています。

松長有慶著「訳注『声字実相義』」によると、空海の言葉をこんなふうに解釈しています。

「われわれが普段の生活の中で特別な意識を持たずに接している物や声、香りや味、触感、考える対象等あらゆるものの中に、神仏のメッセージが密かに組み込まれている」

この世のすべてのものは大日如来が姿を変えたもの、という密教的な解釈をするならば、鈴虫の声も、大日如来が発する「ことば」ということになります。それに耳をかたむければ、真理の世界に近づける。空海は、「いままで特に気にしていなかったものに対して意識を向けることによって、今生《こんじょう》のうちに仏になれる」と教えているのです。

中国から仏教が入ってくる以前から、日本人は自然界のあらゆるものを「神様」として、畏怖の念をもって親しく交流してきましたから、それらが発する音に何かしらの言葉を感じていたとしても、不自然ではありません。虫の声にも。川のせせらぎにも。

ただ、そういったことは、ごく自然に、ふつうに行われてきたので、空海がばしっと言語化してくれたことによって、はじめて「あ。そういうことだったのか！」と理解された、という面もあるかもしれません。

日本人が虫の声を「いいなあ」と感じて聞くのは、そこに秘められた神仏の言葉を受け取っているから……。だとすると、言語と同じ左脳で処理している説も、腑に落ちます。

秋の夜長に、音の出るものを止めて、**虫の声に耳を澄ませ、「良きかな」と楽しめる人は、古代人のように自然に神様と交流している人。**ということは、「風流な人」「雅《みやび》な人」というのは、神様といつも遊んでいる人なのかもしれませんね。

開運の基礎である「丁寧に暮らす」とは、なんとなく「家事を丁寧にやる」とか「朝ごはんをちゃんと食べる」というような、自分の行いにフォーカスしがちですが、それらは、**まず身のまわりの音、匂い、形などを丁寧に感じるところから**始まります。**丁寧に感じれば、丁寧に暮らすようになるし、そうするとさらに五感の感度があがる、**というサイクルになっている気がするのです。

虫の声のように、**いままで特に意識していなかった音に意識を向ける。音を神様からのメッセージだと思って受け止める。**その発想の転換が、開運につながると思う、秋の夜長です。

湯気そのものが、神様です

実りの秋は、**収穫に感謝するお祭り**が、全国各地の神社で行われます。とれた作物を神様にお供えして感謝をささげ、神事のあとに下げてきて、みんなでいただき、来年の豊穣《ほうじょう》もお願いするのです。

私のおつとめしている神社でも、秋祭りの2日間のみ、本殿の御扉《みとびら》が開き、30台の三方《さんぼう》にお供えを盛り付けて、お供えします。御扉が開かれるのは特別なときだけで（神社によっては春や夏のこともあります）、お祭りでないときのふだんのお供え物は、御扉の外に案《あん》という台をすえて、そこへお供えしていますから、お供えの仕方がまるで違うのです。

秋祭りは、神様をいつもより近くに感じることのできるお祭りなんですね。

神事の形式は、神社によってさまざまですが、秋のお祭りで多く奉納されるのが、**「湯《ゆ》立神楽《だてかぐら》」**です。

ご神前に大きな釜《かま》で湯を沸かし、巫女《みこ》さんがその中に笹《ささ》や幣串《へいぐし》を浸して、周囲に振りまくというお神楽です。古くは巫女さんが神がかりとなって宣託するもの、あるいは、ご神意を問う占いだったそうです。

へえ、神社には、そんな古式ゆかしい儀式がまだ残っているのか、どんなことをするのかしら……と思う方もいらっしゃるかもしれませんね。儀式の内容は神社によって違いがあるので、ひとまず私がおつとめしている神社の湯立神楽について書いてみます。

私たちは斎庭《ゆにわ》に薪《まき》を焚《た》いて、大きな釜のお湯を、神事が始まる前にぐらぐら沸騰させておきます。笹の枝を、葉がついたまま何本か束にして、持ちやすいように結んでおきます。巫女さんが拝殿での舞を終えて斎庭に降りてくるころを見計らって、薪を撤収。

巫女さんが白衣《はくえ》の袖《そで》をたすき掛けにして準備がととのうと、湯立神楽が始まります。巫女さんは米、塩、酒を釜のお湯に入れたり、天からひしゃくで水をすくう所作をしたりと、音楽に合わせて行います。

そのあと巫女さんは笹を湯に浸し、持ち上げます。笹から湯気がふぁああっと立ち上ります。まるで両手に綿あめを持っているかのようです。それを楽の音に合わせて振るのです。湯につける、振る、湯につける、振る、これを舞のかたちで行います。

この、お湯を斎庭に盛大にまく場面が、湯立神楽のハイライトです。巫女さんが笹を湯に浸すと、彼女もろとも、むわわわわーという感じで大きな湯気に包まれます。何秒かして、湯気の中から巫女さんが現れ、熱湯の熱さをみじんも感じさせぬ涼しい顔で、ばしっ、ばしっと笹を振ります。

湯立神楽が、なぜ水ではなく、熱い湯でなければならないのか。

単純に私は「熱湯は科学的に殺菌能力が高い。ゆえに、清めの力が強いのだ」と解釈していました。

神職の祓《はらえ》の儀式でも、塩湯《えんとう》所役と言って、塩を入れたお湯で周囲を清める役があるからです。もちろんそれもあると思いますが、今は、お湯が「湯気を発生させるもの」としてそこにあるのではないか、と思っています。

澄んだ秋空のもと、**湯気というごちそうを、音楽や舞とともに、神様に献上しているのではないか。そのついでに、私たちも湯気をいただいているのではないか。**

もっと言うなら、**湯気そのものが神様なんじゃないか**、と思うのです。

湯立神楽は全国的にありますが、関西ではやわらかく「お湯上げ」と言います。これも、「お湯が上がる」つまり、湯気のことを言っている気がするのです。

茶の湯を通して気づいた、神様の存在

私が湯気を尊ぶようになったきっかけに**「茶の湯」**があります。

おつとめしている神社の秋祭りでは、「祭《まつ》り釜《がま》」と言って、氏子《うじこ》さんに抹茶と生菓子をふるまうお茶席を設けているのですが、そこでお茶を点ててくださっている裏千家の先生

に、数年前から茶道の稽古を受けています。

茶の湯の場合、お湯の入った釜のふたを、閉めているときも、すこしだけ開けています。これを茶道では「釜のふたを切る」と言うのですが、そうすることによって、釜からはいつも、すっとした湯気が、清らかに立ち上っています。

まず、茶碗を客人の前で清めるさいに、柄杓《ひしゃく》でお湯を茶碗にそそぐ。このときも、釜のふたを開けて湯気がふぁー。お湯をすくった柄杓からも湯気がふぁー。お湯がそそがれたお茶碗からもかすかな湯気がふぁー。柄杓を蓋置においても、柄杓からはまだ湯気がふぁー。また釜のふたを切っておくと、そこから細い湯気がふぁー。抹茶を入れ、湯を入れて練る時にも、客人が茶を飲み、返ってきた茶碗を清めるときにも。何回湯気が、ふぁー、となることか。でもその湯気が、なんともいえず、心をやすらかにし、癒し、お菓子や抹茶の味同様に、滋味があるのです。

茶室という、ほぼ何もない空間に立ち上る湯気。

「火」のように現れては消え、つかむことのできない姿をした「湯気」。

これこそ神様ではないのか。

私は湯気に神様を感じて、たいへん興奮しました。千利休に弟子入りした名だたる武士たちも、明日をも知れぬ命で一杯の茶をいただく時、ほほをあたたかくしめらせる湯気に、神様を感じたに違いない、と思いました。

お抹茶は、「お茶碗をまわしてから飲む」というイメージがありますよね。実際、裏千家では時計回りに2回、すこしまわしてから飲みます。

どうしてかご存じでしょうか？

茶碗には「正面」があり、正面から見る景色がよいので、亭主は客人にその「正面」を向けて出します。でも、客人は茶碗の正面に口をつけることを控えて、すこし横にずれたところに口をつけるために、まわすのです。これは「正面」をさけることによって、謙遜をあらわしていると言われますが、私は「神様に正面をゆずっている」と解釈しています。

神社の参道も、真ん中は神様の通り道なので、参拝者は真ん中を避けて歩きます。拝殿でも、神様の真正面のラインは「正中《せいちゅう》」と呼ばれ、そこを横断するときには身を低くします。

神聖な空間では、正面はいつだって「神様専用」なのです。

お茶室に入った客人は、ただじっとお抹茶を待っているあいだに、「今この瞬間に自分をとりまくすべてのもの」に敏感になります。八百万の神々の存在を身近に感じる。そこへ湯気がふわーっと立ち上るのですから、もう「湯気が神」で、茶室は名も知れぬ神々のおわす神聖な空間になります。だから茶碗の正面を神様にゆずるために、ごく自然に、茶碗をまわすという所作が生まれたのではないかと思うのです。

点心のお店からはみ出している湯気。蒸籠《せいろ》を開けたとき、歓声とともにひろがる湯気。お母さんが作ってくれたラーメンから出る湯気。雨に濡《ぬ》れて帰り、お風呂につかった時の湯気。たくさんお酒を飲んだ翌朝に食べる、お味噌汁《みそしる》から立ち上る湯気……。


だれかと湯気を共にする。

だれかと湯気を言祝《ことほ》ぐ。

だれかに湯気をもてなす。

だれかを湯気でねぎらう。

ふだんの暮らしの中で、すぐできることですが、**じつは私たち、湯気という神様と遊んでいるのだな**、と意識してみましょう。身近な神様に気づくことで、きっと運が動き出しますよ。

美しい紅葉は、神様が採み出している色

10月は、神社の落ち葉そうじも佳境を迎えます。赤、黄、茶色の、形もいろいろな葉っぱたちが、玉砂利《たまじゃり》の上に、じゅうたんのように重なって、私に寄せられるのを待っています。玉砂利というのは、境内の斎庭《ゆにわ》に敷き詰められた丸く小さな石のこと。その上に落ちている葉っぱを竹ぼうきで掃くと、玉砂利まで一緒についてきてしまうので、熊手《くまで》という、粗い櫛《くし》が扇形についている道具を使います。これも、竹でできています。

伊勢神宮におまいりした時には、玉砂利の上を、おそらく特注の、穂先がきわめて薄い竹ぼうきで水平方向に撫《な》でるように掃いておられる方を見ました。これは玉砂利をすくわないのでいい！　と思いました。こういう工夫に目がいってしまうのも、神職あるあるです。

さて、私は熊手で寄せた落ち葉を、大きな竹箕《たけみ》の中へ、お弁当をつめるようにして入れ、運びます。それでも間に合わないときは、「ネコ」と工事現場の人が呼んでいる、手押しの一輪車に落ち葉を盛って運びます。熊とかネコとか、道具の名前に動物の名前が使われているのが可愛いですよね。

ちなみに、「楓《かえで》」の語源は「蛙手」、葉の形がカエルの手に似ているからなのです。どれだけ動物好きなんだ、日本人。と思います。

ひととおり終えたら、熊手を土塀にさかさまに立てかけて、ふー、と一服。すると、熊手にはさまったもみじの葉が、髪飾りのように見えます。そういえば、「もみじ」と「かえで」は、どう違うのかな。なんとなく、大きくなったハマチをブリと呼ぶように、紅葉したかえでをもみじと呼ぶのかな、なんて思っていたのですが。

実際「モミジ」も「カエデ」も、植物学的には同じ「カエデ属」の植物だそうです。園芸の世界では、その中でも葉に切れ込みが深く、葉の数が多いものを「モミジ」、そうでないものを「カエデ」と呼んでいるらしいです。

「かえで」の語源が「カエルの手」ならば、「もみじ」の語源は何か気になりますよね。

日本には、古語として「もみづ」という動詞がありました。秋になって木の葉が赤や黄色に色づくことを意味しています。この動詞「もみづ」から名詞「もみぢ」が生まれて、紅葉した葉のことを「もみじ」と呼ぶようになったそうです。

もみづ。

活用は、ぢ、ぢ、づ、づる、づれ、ぢよ。たとえば桜の葉も赤や黄色になりますから、そういうときには古式ゆかしく「桜の葉が、もみぢている」と言ってもよいわけです。

「古今和歌集」の中に、

雪降りて年の暮れぬる時にこそつひにもみぢぬ松も見えけれ
（＝雪が降って年の暮れてしまった今、最後まで紅葉しない松というものがわかったことだ）

という歌もあるように、「もみぢぬ松」という使い方もできます。

この「もみづ」という言葉は、「揉み出《い》づ」からきているというのが定説です。

昔の人は、葉っぱが赤や黄に色づくのは、「神様が揉んだから、色が出る」のだと感じていたのですね。「揉む」というのは染色作業のイメージです。草花を水の中で揉んで、色を出し、それを布や紙に移す作業を想像してみてください。「神様が揉んでいる」という発想が可愛すぎて、古代人のセンスにジェラシーすら感じてしまいます。けれど、私たちはそんな古代人のセンスを受け継いでいるからこそ、紅く染まったもみじに、愛おしさを感じるのではないでしょうか。

そんなわけで、言葉の意味を考えると、「かえで」は葉がカエルの手みたいな植物で、「もみじ」は葉が紅葉する植物なのですね。

「もみじ」には、のちに「椛」という日本独自の漢字も作られました。このことからも、どれだけ日本人がもみじ好きか、わかります。葉っぱなのに〝木へん〟に花。このセンスが雅《みやび》ですね。

日本人は、春は花見、秋にはもみじ狩りに出かけては、その美しさを言祝ぎ、愛で、鑑賞と言っては盃をくみかわしてきました。それは神様を言祝ぐ、神様と遊ぶということでもあったのです。

モミジ

カエデ

とはいえ、赤や黄色に染まった葉に秋をしみじみと感じる文化は、中国にもありました。

林間に酒を煖《あたた》めて紅葉《こうよう》を焼《た》く　石上に詩を題して緑苔《りょくたい》を掃《はら》ふ

これは**「和漢朗詠集」**の巻上に収められた、中唐の詩人、白居易《はくきょい》の詩です。林の中で、紅葉を集めて燃やし、酒をあたためる。石の上の苔《こけ》を掃いおとして、詩を書きつける。「いいよね」という世界をそのまま描写した、ただそれだけなのですが、秋の味わいがぎゅっとつまっていますよね。お酒から立ち上る湯気と、もみじの色と、火のあたたかさ。それに対比するような苔の緑と石のひんやり感。これこそ「陽」と「陰」が分け合って同居する秋ならではの味わいではないでしょうか。

そして秋が深まるにつれ、「陰」が強くなっていきます。

空気が澄んで、夜の月もよく見える。控えめな秋の虫たちの声。澄み切っていく心。研ぎ澄まされていく五感。そこにふとおとずれる、さみしさ。秋の味わいは、大人になるほどしみじみとわかるものなのかもしれません。

見渡せば　花も紅葉《もみじ》も　なかりけり　浦の苫屋の　秋の夕暮れ

これは藤原定家のあまりにも有名な歌で、たしか高校生のころに習ったと思うのですが、当時はちっともぴんときませんでした。「見渡してみると、美しく咲く花も見事な紅葉も見たらないことだよ。浜辺の粗末な漁師の小屋だけが目に映る、なんともわびしい秋の夕暮れであることよ」という歌です。

「花」は桜で、「紅葉」はもみじ。それらを見渡しているかと思ったら、「なかりけり」。

大阪の人なら「ないんかい！」とつっこむポイントです。でも、「なかりけり」ですべてがなくなるわけではないのです。花ともみじが残像として、ふわっとある。そこに、漁師の粗末な小屋が見えているよ、という、絶妙なあんばいです。

花やもみじの「陽」がうっすらと残像のように遠くにあり、寒くて粗末な小屋にフォーカス

されて「陰」が近くにあることを知る。そんな秋の夕暮れの、うらさびしさ。それも全然、悪くないですよね。むしろ良い。味わい深い。

神様たちによって「もみぢる」植物を愛でる秋。世界は神々からの贈り物にあふれていることを知る収穫の秋。私の生まれた国、インドではこの時期にヒンドゥー教の新年を迎え、収穫と新年をまとめて祝う「ディワリ」というお祭りをして盛り上がるので、なんとなく血がさわぐ季節でもあります。

「ディワリ」では、家をそうじし、清めて飾りつけするところが、日本の年神様迎えに似ています。「ディヤ」と呼ばれるオイルランプを灯し、家族や友人と集まってお菓子を食べる。豊かさの女神、ラクシュミーを祭り、ディワリセールが各地で開催され、消費が活発になる。そんな福々しいところも、日本のお正月に通じるものがあります。

それにしても、日本人は、夏に怨霊の神様をもてなしてお祭りをし、10月の実りを神様に感謝してお祭りをし、その2カ月後には新年の年神様を迎えてお祭りをするのですから、相当、お祭り好きな民族と言えるのではないでしょうか？　それもこれも、日本の季節が豊かで、たくさんの神様がいるからですよね。

11月

陰をあたたかく迎える

中国由来の陰陽五行説では「陰」の気が強まる時期ですが、日本では神々の動きが活発になります。子どもの成長を祝う七五三や、神様と一緒にごはんを食べる作法で陰の気をあたたかく迎え、運を呼ぶのが日本式です。

神無月は、神様がいない月なの？

旧暦の10月は和名で**「神無月《かんなづき》」**と呼ばれます。新暦だと10月下旬から12月中旬にあたる（年によって変わります）ので、この時期に「神が無い月ってどういうこと？」と思っていらっしゃる方も、おられるかもしれませんね。

「神無月」の「無＝な」は、「の」にあたる連帯助動詞で、**「神の月」という意味だというのが、神無月の語源の定説**です。旧暦10月が「神の月」なのは、収穫のお祭りがあちこちの神社で行われるからだと言われています。

ひらがなができる前に、漢字で当て字をしていたころは、音が一緒なら何でもよかったので、「な」を「無」にしたのは単なる置き換えと思われます。田んぼに水が張られる月なのに「水無月」と呼ばれている6月も、「水の月」と解釈すれば腑に落ちます。

単なる置き換えなので、「な」は、名、奈、菜、那、南、どれでもよかったはずですけれど、「無」の字になっていることによって、言葉としてオシャレな感じになっているなあと思います。

「無」は「なにもない」ですが、だからこそ「すべてがある」とも言えます。

三貴神のうちのツクヨミが「なにもしない」からこそ尊いのと同じで、「無」は、「かぎりなく豊か」あるいは、「純粋な意識状態」という意味をもふくんでいるように思うのです。

実は、私の筆名「桃虚《とうきょ》」の「虚」も、何にもないこと、邪心のない素直な心の状態を表す字です。この字があることによって、「桃」の果実が満ちる感じが引き立ってオシャレ、と思っています。

というわけで、「神無月」という名前でも、神様はいつもどおり、たくさんいます。それどころか、収穫の時期であるこの月に、各神社にとって最も重要なお祭りである「例祭」を行う神社が全国的に多いので、**むしろ神々のはたらきがいつも以上に活発になる月、**とも言えるのです。

いわば、神様が元気いっぱいの月ですから、その良い「気」を受け取りやすい時期。神社で行うお祭りの作法を再現することで、家にも運を呼び込むことができます。

神々が出雲に集い、来年のことを決める会議

日本全国に、数えきれないほどの神様がお祀《まつ》りされていますが、活発な神々は、この時期に、出張に出かけると言われています。出張先は出雲《いずも》。今の島根県です。

とはいっても、日本中の神々すべてが出雲に集合するわけではありませんし、そもそも神様は形や質量を持った物質的な存在ではないので、出張にでかけても、自分の本拠地である神社が留守になる、ということはありません。けれど、たくさんの神々をお迎えする立場の出雲地方では、**「神無月」を「神在月」と書いて「かみありづき」と呼んでいます**。この名づけ方もオシャレですよね。

八百万の神様たちは、風に乗って出雲へ向かうと考えら

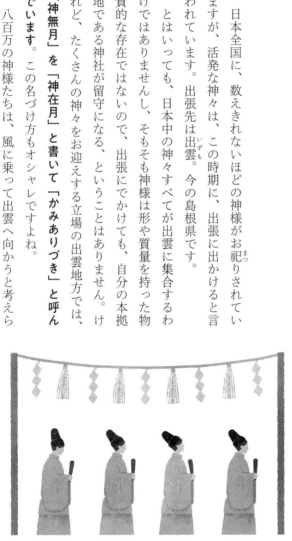

れています。ですので、この時期に吹く西風は**「神渡《かみわた》し」**や**「神送《かみおく》り」**などと呼ばれます。出雲に集合した神々は、来年の豊作、男女の縁をふくむさまざまな良縁など、人があらかじめ知ることができないことがらについて決める**「神議《かみはか》り」**をします。

これは神々の会議ですから、話し合いからの多数決、というような、人間がするような会議ではないと私は想像しています。きっと、我々が想像もつかないような手続きで決裁が行われているのでしょう。あるいは、占いや、腕相撲や、遊びのようなことが繰り広げられているのかもしれません。だって、神様ですから！

体がよく動く11月に、今年のまとめと来年の準備をすると吉

神々たちが活発にその神威を発揮する11月。この時節は、私たち人間も、夏の暑さのダメージから回復して、体がもっともよく動き、米をはじめとする収穫物もおいしくいただける季節ですよね。神社へ行き、神々のみなぎる力を授かる気持ちでおまいりすれば、よ

り一層すがすがしい気持ちになって、いつもよりもたくさんのことができそうな気がしてきます。

出雲では、神々が、翌年の良縁と豊作について会議をしています。今年の締めと来年の計画立てを、もう11月にしてしまっているのですよね。さすがは神々、仕事が早い。

運を開く方法として、神々がしていることを真似《まね》する、というものがあります。

私たちも、**神々とタイミングを合わせて、この月に、今年のまとめと来年の計画を立ててしまうのが吉**、となるのは間違いないでしょう。加えて、**これまでは年末にやっていたことを前倒しで済ませてしまえば、暮らしがとても楽にまわって、運も開けてきます。**

たとえば、**大そうじ。**11月の休みの日を使って、1時間ずつしてしまう、というのは如何《いかが》でしょうか？　そうすれば、12月には「年神様《としがみ》を迎える仕上げ」だけで済みます。

特に、網戸やベランダ、窓の桟、玄関など、寒い日にするのがきつい箇所は、11月に入ってすぐの休日にすると、寒さがきびしくなる前にぴかぴかになり、気分も上がります。

それから、**年賀状の作成。**最近では作らない方も多いか

もしれませんが、11月にすこしずつ進めれば、年賀状を書く時間そのものが、心の鎮めになります。スマートフォンによって、「濃くて早い」やりとりが増えれば増えるほど、葉書の「薄くて遅い」やりとりが癒しになる、という構図がある気がします。年賀状では、近況報告をせずとも、新年の言祝《ことほ》ぎを直筆で書くだけでいいと思います。年に一度、文字をやりとりするだけの関係が与えてくれる滋味を、この機会に再発見してみては如何でしょうか。

他にも、クリスマスと正月のしつらいの準備。レストランの予約、おせちづくりの段取り、お年玉用新札の準備、などなど。年末年始に旅行に行かれる方は、その準備もしておくとよいでしょう。

神々が出雲で今年の総括をし、来年の計画を立てる11月。そのタイミングに合わせて、体を動かす作業を実行してみると、するするできることに気づくはずです。神々が出雲へ行くときに風に乗るように、軽やかに風に乗るあんばいで、不思議とすいすい物事が片付いていきますよ。

楽にできた。早めに済ませた。家がきれいになった。徳を積んだ気がする。それは一種の成功体験となって、**来年からの過ごし方が、確実に良い方へ変わっていきます。**

いにしえでは、「7歳までは神のうち」

11月は**「七五三まいり」**の季節。

個々に行われていた子どもの人生儀礼が、11月に定着したのは、江戸時代に徳川5代将軍・綱吉《つなよし》が、息子・徳松《とくまつ》の「袴着《はかまぎ》の儀」という人生儀礼を11月15日に行ったから、という説が有力です。さすが徳川、民衆への影響力が大きいですね。

古式では人の年齢を、生まれた時点で「1歳」と数え、おおむね生後1カ月で初宮詣を行って、赤ちゃんの誕生を神様にお知らせします（ただし生後百日の地域もありますし、寒冷地では生後3カ月以降に行うこともあります）。

その後、**お正月がくるごとに、「年神様」から次の一年をいただきます。**1月1日に、みんないっせいに1歳年をとる——これが今で言う「数えの年齢」。神社で行われる、厄年の厄祓《やくばら》いなどの人生儀礼は、この「数えの年齢」に沿って行われます。七五三まいりも本来は数えの年齢で行いますが、近年では、数えの年齢でする子と、満年齢でする子が、半分ずつぐらいの割合になっています。

昔の日本は、栄養も、医療も、今のように充実していませんでした。ですから、たくさんの子どもが、大きくなる前に命を落としました。このことを昔の人は「幼いあいだは、魂《たましい》が肉体に定まっていない。だから、魂がいつ肉体から離れてもおかしくないのだ」、と考えていたようです。

この、魂が自由に時空を行き来している感じをイメージすると、「それって神様じゃない?」ということになります。そのためか、昔は「七つ前は神のうち」と言われていて、数え7歳ごろになってようやく、神的な存在から人になったとみなされ、神社の「氏子《うじこ》」として認識される、という地域も多かったのです。

そんなこともあり、生まれた「1歳」から、人として魂が肉体に安定する「7歳」までは、ことあるごとに、子どもの成長を祝い、感謝する儀式が行われてきました。

これが、貴族や武士の人生儀礼の様式とまざって、1歳の誕生から2年刻みで3歳、5歳、7歳……と、**陰陽道における吉数である奇数の年に年祝いをし、神様にさらなる無事成長を祈願する**、という、いまのような七五三の儀式を行うようになったと言われています。では、3歳、5歳、7歳の儀式について、かんたんに見ていきましょう。

まず、数え3歳は、**「髪置きの儀」**。髪を結うために伸ばし始める儀式です。

昔は、赤ちゃんが生まれると、生後7日めに髪を剃《そ》り、それ以降は、数え3歳になるまで、女の子も男の子も髪を剃って丸坊主にしていました。免疫力が弱いうちは、毛髪を剃ったほうが頭を清潔に保てますし、のちのち健康な毛髪が生えてくると考えられていたからです。

数え3歳になると、髪を剃らずに置いておく、「髪置きの儀」という儀式を行い、髪を伸ばして、結うヘアスタイルにする、というのが定番でした。この「髪置きの儀」の時の衣装が、「七五三まいり」での3歳の衣装となります。ひも付きの着物に兵児帯《へこおび》を簡単に結び、「被布《ひふ》」という、ベストのような、袖なしの羽織を着ます。

それから数え5歳は「**袴着の儀**」。初めて袴を着ける儀式です。

「袴着《はかまぎ》の儀」は、「着袴《ちゃっこ》の儀」とも呼ばれ、女の子も袴をはいていた平安時代から室町時代にかけては男女ともに行われていました。江戸時代に入ってから、武家の男の子のお祝いへと変化したと言われます。碁盤にのって着付けをしたり、碁盤から飛び降りたりするならわしがありますが、これは、四方を制することができるように、という意味があります。

現代の七五三では、5歳の男の子が紋付の羽織袴を着ます。剣を懐に差し、白足袋に草履（雪駄）をはいた姿は、まるで小さな殿様のようです。

7歳は「**帯解きの儀**」。本式の帯をつけ始める儀式です。

昔は本式の帯を締めて一人前とみなされました。室町時代以前は男女ともに行われていまし

たが、江戸時代になり、男児は5歳で「帯解の儀」を、女児は7歳で「袴着の儀」を行う形になったと言われています。現代の七五三では、数え7歳の女の子が華やかな振袖に袋帯や丸帯を締め、しごき帯という飾り帯を結びます。帯締めには「丸ぐけ」か「丸うち」を使い、胸元に「箱せこ」という小物入れをはさみ、扇子をもちます。

こうして3歳・5歳・7歳の儀式を見てみますと、どれも、もともとは、男女とも行っていた儀式だということがわかります。

そして、七五三まいりには、「年は神様からいただくもの」「数え7歳までは神のうち」という、人と八百万の神々との、自然で親密な関係性を見ることができます。

神様だったころの自分に会いに行く

大人のみなさまは、11月に、自分が七五三まいりをした神社やお寺に、久しぶりにおまいりしてみては如何でしょう。成長をお願いした神様に、成長した自分の姿を見せ、感謝することで、きっと多幸感に包まれるはずです。**神社は、みんながいつでも帰れる場所**として、いつでも、いつまでも、そこに存在していますから、心や体がしんどくて、「今は行くのがちょっと無理」という方も、その存在を頭の隅に、おまもりのように置いておくだけで、すこし安心されるのではないでしょうか。

「七五三まいりをしていない」、あるいは、「どこにお参りをしたか不明」という方は、小さいころに行った「思い出の場所」に行かれてみることをおすすめします。

子どもたちよ
子ども時代を　しっかりと楽しんでください。
おとなになってから
老人になってから
あなたを支えてくれるのは
子ども時代の「あなた」です。

これは、子どもの本の礎を築いた、児童文学作家、翻訳家の石井桃子さんの言葉です。子どもたちに向けての言葉ですが、同時に、大人たちにも深く染み入るような言葉だと思います。

子ども時代の私が、いまの私を支えてくれている。たとえ楽しいことばかりの子ども時代でなかったとしても、それを経験した自分が、いまの自分を支えてくれているのです。**「7歳までは神のうち」**。七五三まいりをした神社や、小さなころに訪れた思い出の場所には、まだ神様だったころの自分が、そこにいるような気がします。なぜなら、**神様は時空を超えて存在する**からです。

思い出の場所を訪れ、「小さなころの私」に出会う。空気が澄み、紅葉の美しい11月には、そんな情景が似合います。

新米を神様と一緒に食べる

ユネスコの無形文化遺産にも登録された「和食」。いろいろな素材を、できるだけそのままの風味を生かして、見目麗しく、すこしずつたくさん並べる、というその特徴は、神饌料理《しんせんりょうり》に源流を見ることができます。

神饌というのは神様へお供えする食べ物のことですが、古式ではこれを素材のままお供えするのではなく、料理していました。これが**「神饌料理」**です。

神事では、まず**「献饌《けんせん》」**と言って、神饌がお供えされます。それから祝詞《のりと》を奏上し、舞や神楽を奉納します。これらが済むと、**「撤饌《てっせん》」**として、お供えした神饌が下げられます。この献饌から撤饌までのあいだに、神様が神饌を食べたことになります。

その後、下ろされた神饌を肴《さかな》に、参列者が飲み食いをする**「直会《なおらい》」**がはじまります。直会をすることによって、神様と人とが同じ料理を食べるのです。これは、神と人とが親しく交流するために、とても大事なこと。人と人でも、まずは「ごはん食べにいきませんか」から親しい交際が始まります。神と人との交流も、同じなのです。

現在では、料理された神饌と、素材のままを盛り合わせた神饌が、お祭りによって使い分けられたりしていますが、**「神様と人とが、同じ物を食べる」という概念**は、古式と変わりません。

神饌料理は、人々の神様に対する感謝と願いが込められています。それを表現するためには、**見た目に美しくなければなりません。**神饌料理は、色よく、形よく、高く盛る。神様

映えするように作られたのです。

「神様とごはんを食べる」ことは、神社での神事だけで行われているわけではありません。

一般の家庭でも、食事の前にごくふつうに**「いただきます」**と言いますよね。八百万の神様たちとともにごはんを食べ、風土のめぐみをいただいている、という心の表れです。

いつもの家の食事で、ごはんを茶碗に盛り付けるという行為にも、実は「神様映え」が要求されていて、**「見栄えをよくする」「ととのえる」ことが大事**、という意識がどこかにあるのですよね。

「そういえば、子どものころ、親にごはんのよそい方についてうるさく言われたなあ」と、懐かしく思い出される方も多いかもしれません。ごはんを「よそう」という動作は、たんに米のかたまりを移動させて器に入れる、という行為ではなく、つやっとしたお米をふんわりと、形よく入れる、という意味です。それが「装う」ということだから、べちゃっとよそったり、しゃもじを茶碗にこすりつけたりすると、親に怒られたのですね。

毎日のごはんにおいて、知らず知らずのうちに「神様映

え」を追求している日本人。そのことが、世界無形遺産にもなった和食の見た目の美しさと、日本人の美意識に大きく関係しているように思います。

11月23日は国民の祝日「勤労感謝の日」ですが、戦前までは「新嘗祭《にいなめさい》」という宮中行事の日でした。天皇陛下がその年の新穀である献上米を、宮中にある神嘉殿《しんかでん》に供え、神様とともに食べるという神事です。戦前は、この新嘗祭が終わってから、新米を食べるのがふつうでした。今でもそれを守っている地域や家庭もあります。

とはいえ、田舎から送られてきた新米をさっそく食べたい、と思う気持ちを止められない人も多かろうと思います。その場合でも、まず神様に感謝して、「いただきます」をすれば、神様と一緒に新米を食べることができる、と私は思っています。

お米の洗い方、供え方、炊き方

まず基本形として、神社でお米を神様にお供えしたあと、それを下げてきて食べるときの手順についてお話ししますね。その次に、家庭での方法についてお伝えしようと思います。

私がおつとめしている神社でお米をお供えするときは、いったん洗って竹ざるにあげます。これを**「洗い米」**と呼びます。

しっとりと潤った洗い米を、神饌用の大きな白いお皿に山形に盛ります。洗ったことで、表面の「ぬか」と水がまざりあい、それが「のり」の役割を果たして、きれいな山形をつくることができます。

洗い米を山形に盛ったそのお皿を、「三方《さんぼう》」という木製の台にのせて、ご神前にお供えします。三方は、正方形の折敷に脚がついた台のことで、脚の部分の3面に穴があいているので三方と呼ばれています。

ご神前にお供えされた洗い米は、神事をしている40分ぐらいの間、風通しのよいご神前の、「神饌案《しんせんあん》」という台の上に置かれます。祝詞の奏上や、お神楽の奉納が終わると、「神様がお食べになった」と見なされ、お供えされた洗い米も、他の神饌と同様に下げられてきます。

下げられてきた洗い米は、お供えしたときよりも、白くふっくらして、手ざわりはさらっとしています。神事のあいだに、洗い米が表面の水分を吸収し、余分な水分は蒸発したからなのですが、それはまるで、「神様がお食べになったから、ご神威が入ってふっくらした」かのように感じられます。

神前から下げられてきた洗い米は、同じ分量のきれいな水と一緒に鍋に入れ、すぐに炊きはじめます。すると、神事のあとの直会が佳境をむかえてちょうど白ごはんが欲しくなるころ、おいしいお米が炊き上がります。

このいただき方を、お家で実践するときには、お米を洗ったあと、ざるにあげて、水気をすこし切り、ざるごとお皿にのせて、「神様どうぞ」と30分～50分置きます。それから、お米炊き用のお鍋で直火炊きをします。5合が15分程度で炊けます。

とてもかんたんですよね。洗ってからざるにあげて、「神様どうぞ」と、しばらく置くだけです。こんなにかんたんなのに、炊き上がりのおいしさが抜群に違います。神様が何かしたとしか思えない仕上がりに、びっくりすると思います。

料理家の土井善晴さんは、昔ながらの和食のおいしい食べ方、作り方を教えてくださっていますが、『おいしいもののまわり』という本にも、「洗い米のすすめ」として、炊き方を書かれています。

そこには、洗った米をいったんざるにあげ、夏場は30分、冬場は50分程度置いてから、すぐにきれいな水で炊くとおいしく炊ける、と書いてありました。ざるにあげておくことによって、米は必要な水分を吸い、余分な水分が除かれるのだそうです。

これは、神事で供するときの「洗い米」のあつかいと同じです。ですので、私はこの方法が「間違いない」と確信しました。

せっかくの新米だから、**最高においしく炊きたい**ですよね。

そして、**おいしく炊きあがったお米は、茶碗に神様映えするようによそい、「いただきます」して食べる**。この美しい行動が、やがてその人のたたずまいにもにじみ出て、**神様から好かれる姿を作り出す**のだと思います。

12月

丁寧に準備する

スポーツやビジネスの世界で、準備の大切さが注目されています。それは生活においても同じ。年神《としがみ》様を迎える準備をする12月は、運を呼び込む「場」を作る大切な月です。神迎えの準備は、それ自体が楽しく幸せなのです。

「いつもの道具」を清めてお手入れ、一緒に年を越す支度

12月は、一年を締めくくる月。

「終わり良ければすべて良し」と言うように、12月がうまくいくと、一年間まるまるうまくいった感じがしてお得です。そんな**12月の幸福度を左右するのは「暮らしの始末」**。ふだん使っている道具類の点検やお手入れをして清め、一緒に年を越しましょう。

神様は清潔なところが好きで、きれいなものに宿ると言われます。家をそうじしたり、身ぎれいにすることが開運につながると言われるのはそのためです。そんな、部屋や自分をきれいにするための「道具」もまた、きれいで神様を呼ぶようなものが良いですよね。

中でも特に、この時期にお手入れすると開運につながるアイテムが、櫛《くし》やブラシなど、**髪の毛を整えるもの**。身から出たよごれを取ってくれる道具を、丁寧にお手入れすることにより、自身の一年のけがれも浄化され、運が上がりやすくなるからです。

髪を清めるための櫛やブラシ。シャンプーやボディーソープの入れ物や石鹸《せっけん》置き。水道の蛇口やシャワーヘッド。洗ったり、拭いたり、磨いたりして、ぴかぴかに光らせておきます。いつもの身だしなみ道具に神様が宿ってくれたら、きっと自分の美しさにも、神々しさが加わるはず。そう思えば、年末のお手入れが楽しくなります。

平安時代、宮中では、12月の陰陽師が選定した吉日に、「髪上」という行事が行われていました。みかど（天皇）が使った櫛の歯についたよごれや、抜けた毛を、一年間ためておいて（！）、この日に吉方へ向かってお焚《た》き上げしたのです。

昔は男子も長髪でしたし、毎日髪を洗うという習慣もありませんでしたので、櫛で髪を梳《す》く、ということは、男女を問わず必須の習慣でした。毎日髪を梳くことで、頭髪の汚れを落とし、できるだけ清潔に保っていたのですね。それは病を遠ざけることを意味しますから、**髪を梳くということ自体が、「清め」であり、健康を保つ大事な習慣だった**のです。

「源氏物語」の「紅葉賀」には、

主上の御梳櫛《おんすきぐし》にさぶらひけるを、果てにければ、主上は御袿《おんうちぎ》の人召して出でさせ給ひぬるほどに、

（＝〈高齢の典侍《ないしのすけ》〉は、お上の御髪梳きに伺候したが、終わったので、お上は御袿係の人をお召しになって退出あそばされた後に、）

……と、源典侍《げんのないしのすけ》が桐壺帝《きりつぼてい》の髪を梳いたという描写があります。

また、**「枕草子」**「うへに候らふ御猫は」には、

御《み》けづり髪《ぐし》、御《み》手水《ちょうず》など参りて、御鏡をもたせさせ給《たま》ひて御覧ずれば、

（＝〈中宮様が〉御髪をとかし、御洗面をなさって、〈私に〉鏡を持たせなさってご覧になると、）

という一文があり、中宮定子の朝の身だしなみを整えるため、清少納言が「御けづり

髪＝整髪の櫛」と、「御手水＝洗面の水」を用意しているのがわかります。

今は櫛よりもブラシを使う方が多いと思いますが、髪を梳く（ブラッシングする）という動作が、髪のためにも地肌のためにも良い、と認識されている点では昔と変わりません。洗髪の前に髪を毛流れとは逆の方向にブラッシングすると、汚れが浮き上がって落としやすくなるそうですし、朝のブラッシングは頭皮の油分を髪全体へいきわたらせ、頭皮の血行を促進して、それが顔の血色や張りのよさにつながると言われます。

櫛は実用性が高いだけでなく、**神話に裏打ちされた「お守り的効果」**もある、神様とのかかわりが深いアイテムですので、懐にひとつ、しのばせておくと吉です。

日本の神話**「古事記」**には、三貴神のうちの一柱であるスサノオが、クシナダヒメを守るため、彼女を「湯津爪櫛《ゆつつまくし》」という櫛のすがたに変えて髪に挿し、ヤマタノオロチという八つも首がある大蛇を退治した、とあります。「湯津」は神聖であるということで、この櫛の霊力によってスサノオの戦闘力がアップしたことを意味しています。

「日本書紀」には、イザナギが、薄暗い黄泉国《よみのくに》まで愛しのイザナミを探しに行ったとき、「湯津爪櫛」の歯を折って灯をともし、明かりにした、とあります。

また、黄泉国で変わり果ててしまったイザナミに別れをつげ、黄泉国から脱出するさいも、イザナギは追ってくる鬼神たちに向かって「湯津爪櫛」を投げて難を逃れます。イザナギにとって櫛は、お守りであり、サバイバルアイテムなのでした。

昔の人は、**「道具の年取り」**と言って、生活の道具も、新しい年を無事に迎えられるように、年末には小さなお餅と細い注連縄《しめなわ》をあしらったお供えを添えて飾ったそうです。お手入れして、**道具を丁寧にメンテナンスし、「もの」にもささやかなお供えをしてみる。**それは師走のあわただしさの中で、穏やかで満たされた、雅《みやび》な時間になると思います。

12月13日の「事始《ことはじ》め」の日に、神迎えの準備をはじめるのが吉です

12月13日は、「事始《ことはじ》め」といって、年神様《としがみさま》を迎えるための正式な準備が始まります。

「〇〇始め」という言葉は、新年に使われることが多いので、「12月なのに、事納《おさ》めではなくて事始めなの？」と疑問に思う方もいらっしゃるでしょうね。

事始めとは、文字通り何か物事を始めるという意味です。神様の歳時記では、「事《こと》」と言えば祭事ですから、**「事始めの日」は、お祭りの準備をし始める日のこと**。中でも、全国共通の「年神様」が各家々にやってくる「お正月」は、それぞれの家が気合いを入れて準備をします。

そんなこともあり、12月13日が、上方を中心として「事始めの日」として定着したと言われます。そして、この日にお正月用の松飾りや鏡餅を飾り始めると吉、とされているのです。

京都の旧家や花街では、この日に本家や得意先、お師匠さんなどへ挨拶回りをするならわしがあり、とくに祇園甲部では、芸妓さん舞妓さんが、そろって鏡餅をもって舞のお師匠さんのところへ挨拶に行きます。そのようすは、12月の風物詩になっていて、関西ではかならずローカルニュースで映像が流れますので、それを見ると、「お正月の準備が始まるんやなあ」と、みんなのお正月スイッチが入ります。

私が奉職している神社では、この日に**「お火焚き祭」**という冬場の火災除けと無病息災を御祈願する神事があります。地域の人が神社に集まって焚火をかこみ、年末年始へ向けての英気を養うのです。

ここでは、家庭で行う「事始め」の中でも、もっとも基本的で、開運には欠かすことのできない「松飾り」と「鏡餅《かがみもち》」について、お話ししたいと思います。

松飾り

お正月のための「松飾り」で全国的に有名なのは「門松《かどまつ》」でしょうか。

門松は、松や竹をむしろで包み、荒縄で結んだもの。一年の幸福を授けてくださる年神様に、家に来ていただくための目印ですから、玄関の外に飾ります。

門松の歴史は古く、平安時代に宮中で行われていた「小松引き」という行事が由来だと言われています。そのころ、一年の最初の子《ね》の日に野に出て宴をするという、「初子《はつね》」と呼ばれる文化がありました。この日に子どもが松を根ごと引っこ抜いて、その松を玄関に飾ったのが門松の由来とされているのです。6月の項を読まれた方は、宮中の勝負事であ

り占いでもある「根合わせ」を思い出されるかもしれません。宮廷の人たちは、植物を根ごと引き抜くのが好きですね。それは**植物の霊力を根ごといただく**、ということだと思うのです。「子《ね》」の日に行うのは「根《ね》」と発音が一緒だから、ということのようです。

そんなわけで宮廷から近い関西地方では、今でも根っこのついた**「根曳《ねび》きの松」と呼ばれるタイプの松飾り**を、門の両側に飾り付ける文化があります。最近では、松と竹を組み合わせた立派な門松を飾るのが難しいというお家も多いので、関西以外でも「根曳きの松」を飾るお家が、増えているようです。

「根曳きの松」の飾り方はとてもかんたんです。

長さ50センチほどで根がついたままになっている松が、「根曳きの松」として花屋さんで売られています。この根のついた松の枝部分を、上質で格の高い和紙「奉書紙《ほうしょがみ》」で包み、赤と白の水引で結べば、お正月の松飾りの完成です。

これを**左右一対、門の両側に飾ります**。もともと奉書と水引きで巻かれたものも売っています。できれば根のついた松のほうが縁起が良いのですが、根のついていない松を同じように奉書で包んで飾っても、

根曳きの松

目印としては機能するので良いと思います。

鏡餅

松飾りとともに大事なのが、**鏡餅《かがみもち》**です。日本人の主食である米をぎゅっと凝縮して作られるお餅は、**霊力のかたまり**と言えます。神社の御神鏡のように円形をした餅という意味で「鏡餅」と呼ばれ、円は神様の霊力や万物の調和を表します。

鏡餅、すなわち重ねた円形のお餅は、神様がお家にいるあいだ、そこでお休みになる「依《よ》り代《しろ》」であると同時に、神様へのお供えでもあります。

ひらたく言えば、**神様のための「お布団」で「食べ物」である**、つまり、神様のお宿みたいな感じです。

関西へ移り住んだばかりのころ、お正月のお雑煮（西日本では丸餅が主流です）のお餅がすこし大きかったので、食べやすいように半分に切って入れました。すると、

「え。なにしてんの？　半円になってしもてるやん！」

と、えらく驚かれたことがあります。私はインド生まれの関東育ちで、関東のお雑煮は

四角いお餅が主流だったので、わからず半円にしてしまいましたが、今思えば、丸餅は、神様の霊力や万物の調和を表すのですから、半円では意味がないのです。

では関東のお雑煮の餅はなぜ四角いのかというと、江戸のころに、江戸城下で人口が急増したため、お餅を大量生産できる方法として、餅を一気にのしてから切り分ける「角餅」が考案されたのだそうです。坂東武士《ばんどう》の勢力が強かった東日本では、「敵をのす」の縁起かつぎが好まれて、のし餅を四角く切って焼いたお雑煮を食べた、それがそのまま残っていると言います。

へえへえ、そうなんだ、というリアクションが聞こえてきたところで、鏡餅のお話にもどりますね。

神様用の鏡餅の飾り方は、地方によっても、家庭によってもさまざまです。

一般的なのは、三方に四方紅（四方を赤く染めた紙）、あるいは半紙を敷いて、裏白（葉っぱの裏が白い植物の枝葉）を載せ、お餅を重ねて、その上に橙《だいだい》を飾ります。橙とお餅の間に串柿《くしがき》を載せることもあります。お餅を2段に重ねるのは、

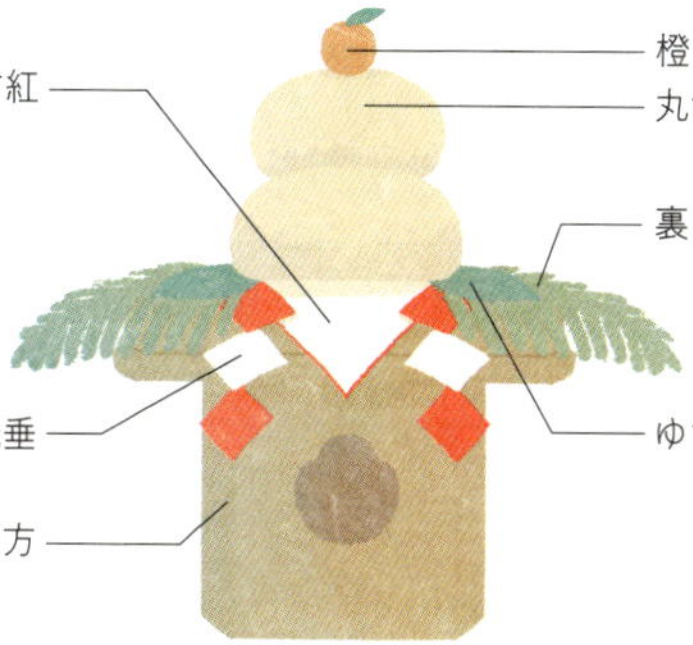

日と月を表す、福と徳を重ねる、など諸説があります。また、3段にする地域もあります。
鏡餅は、小さな三方、またはお皿に鏡餅を載せて、神棚、「床《とこ》の間《ま》」、台所や玄関などに飾ります。

幸福度が上がる「冬至」のすごしかた

「冬至《とうじ》」は、一年のうちで昼（日照時間）がもっとも短くなる日、つまり、北半球では太陽の位置がもっとも低くなる日です。太陽の運行を基準としている現行の暦では、12月22日か23日になります。もっとも昼が短い日、ということは、この日を境に、昼の時間が長くなり始めるという日でもあります。そこで**冬至のことを「一陽来復《いちようらいふく》」と言って、お祝いする風習**がありました。

柚子の実を湯舟に浮かべた**「柚子湯」**は、冬至の日に行う禊《みそぎ》の風習で、

運を呼び込む前に体を清めるという意味があります。強い香りによって邪気を祓《はら》い、香気を脳に送り込むことですこやかさを維持するという意味では、夏の菖蒲湯《しょうぶゆ》と同じです。柚子の芳香が邪気を遠ざけると考えられていたのです。

柚子湯には血行を促進して冷えを緩和し、体を温めて風邪を予防する働きがあると言われます。さらに果皮に含まれるクエン酸やビタミンCによる美肌効果、ひびやあかぎれなどに効く、風邪を防ぐといった効能もあると言われます。

また、柚子は輪切りにすると日輪の模様になるので、太陽の力が最も弱い日に、太陽の力を補充するという意味もあります。

冬至には、柚子湯のほかに、食べ物で開運をする風習もあります。**「冬至《とうじ》の七種《ななくさ》」**と呼ばれる、「ん」が2回続く食べものです。その七種とは、南瓜《なんきん》・蓮根《れんこん》・人参《にんじん》・銀杏《ぎんなん》・金柑《きんかん》・寒天《かんてん》・饂飩《うんどん》のこと。なぜ「ん」がつく食べものなのか、というと、いろはにほへと、の最後が「ん」なので、また最初に戻るという「一陽来復」の意味が込められているのです。

冬至の七種の中では、**かぼちゃが一番有名**です。漢字で「南」という字がつき、陰(北)から陽(南)に向かうことを意味するため冬至にぴったりで、切ると太陽のような色をしているところも、一陽来復を思わせます。夏が旬の野菜ですが、生のまま冬まで保存できる貴重な夏野菜で、β《ベータ》-カロテンが豊富。β-カロテンは体内でビタミンAに変換され、抵抗力を強めて皮膚や粘膜を丈夫にする、免疫力を正常に保つ、などの働きがあり、それゆえ「冬至にかぼちゃを食べると風邪を引かない」と言われるのです。

小豆《あずき》を使った冬至粥《がゆ》もあります。昔から小豆の赤は邪気を祓うと言われており、冬至粥で邪気を祓い、翌日からの運気を呼び込むごはんです。

こうして、日本の「冬至」におけるならわしを見てみますと、

・「ん」のつくものを7種類食べて、「運盛」とする語呂合わせ。
・太陽に見た目（形や色）が似ているものを「陽」とする見立て。

冬の七種

冬至粥

・柚子の芳香で邪気をよせつけない、お祓い行動。
・縁起のいいものを食べて「運」を体に入れようという構え。

という、**聴覚、視覚、嗅覚、味覚など、あらゆる感覚を使って、体に「運」を取り入れてゆく**という方法をとっているのですよね。幸福を追求するうえで、とても豊かなアプローチだと思います。

八百万の神々の視点を借りて、「五感で世界を捉える」ことが、幸せへの近道

人の幸福感に関係していると言われる、いわゆる「幸せホルモン」と呼ばれる神経伝達物質には、ドーパミン、セロトニン、オキシトシン、β《ベータ》-エンドルフィンの4種類が確認されていますが、そのどれもが単独では機能しにくく、複雑に作用しあっていることが、最近の研究でわかってきたそうです。幸せホルモンたちは、何かの物質をこの分量摂取すればこれだけ分泌される、という単純なものではないのです。

たとえばオキシトシンは、スキンシップによって分泌され、そのオキシトシンが、セロトニンの分泌をうながす、という効果もあると言います。子どものころ、お腹が痛いときにお母さんにお腹に手を当ててもらうだけで、ましになったりしましたよね。あれは単なる気のせいではなく、体の中で「気」を左右する神経伝達物質が複雑に作用しあっているからではないでしょうか。

同じように、**「開運」**や**「縁起をかつぐ」**など、一見科学的根拠のない概念で行ったことが、こうした体の複雑系に作用して、幸せホルモンと呼ばれる神経伝達物質の分泌につながり、個々を幸福感へと導く可能性は、おおいにあると思います。

人間の体や、それをとりまく世界を、一元的に捉えることは不可能です。それでも人は、すっきりとした「正解」を知りたがり、賢い人たちは、人々が求める「正解」を見出すために、日々、考えに考えています。それは、人間が「言語」というものを持ち、「言語で論理的に考える」ということができるようになった宿命のようなものですよね。社会的な生き物である人間が、よりよい社会を作るためには、必要不可欠なことでもあります。

いっぽうで、動物としての人間は、「頭でわからないものは、わからないこととして、世界を五感で捉える」ということができます。八百万の神々と遊んで暮らす、というのは、**「世界を八百万の神々の視点で、かぎりなく多角的に捉える」**ということなのです。

「正解」を論理的に考えることと、五感で世界を捉えること。それは「陰」と「陽」のように、どちらかが１００パーセントになることはなく、一人の人の中で、絶えず配分を変えながら、私たちは「幸せとはなにか」を追求しているのだと思います。

その配分は、年齢や社会的立場によっても変わるでしょう。傾向として、現代の大人は論理的思考のほうが優位になりすぎているように思います。ですから、**五感で世界を捉えることを意識すると、バランスがとれて、いまよりも楽に、ゆるく、幸せを感じやすくなる**と思うのです。

五感を使って、八百万の神々と遊ぶ力は、すべての人が、赤ちゃんや子どものころには持ち合わせていた能力のはずです。神社は、その能力を回復させるのに最適な「場」だと思います。

年末年始は、この「場」がいつもより近くなる絶好の機会です。五感をとぎすませ、神社を訪れ、自由で清らかな心と体で、八百万の神々と雅《みやび》に遊んでくださいね。

季節はめぐり、運もめぐる——あとがきにかえて

想像してみてください。

今から千年後の世界に残っているものって、何でしょうか？

めまぐるしく変化する世界の中で、私たちは5年後すらうまく想像することができません。

けれど、このことだけは言えると思います。


千年後に残っているものは、千年前からあるものだ

と。千年以上の歴史を持つ神社で日々過ごしている私にとって、これは「体感」なのです。

昔からあるものは強い。


たとえば、木で出来た神社の社殿はいつか朽ちる運命です。けれど、定期的に屋根を葺《ふ》き替えたり、建て替えたり、大規模な修理をしたりすることによって、宮大工の技とセンスはつながれてゆきます。日本で最も有名な伊勢神宮の正殿は、20年に一度、建て替えられています。

私がおつとめしている神社では約30年に一度、檜皮《ひわだ》（ヒノキの木の皮）で葺いた本殿の屋根

を葺き替えます。そのときに檜皮職人さんが鳥の羽根を腰につけて屋根に上がるのを見たことがあります。本殿には神様がいらっしゃるので、屋根で作業をするときには神様の部屋よりも上に自分が上ることになる。そこで、職人さんが「私は鳥です」という意味で、人として神様に失礼のないよう、鳥の羽根をつけていたのです。この精神を、「雅《みやび》」と呼ばずして何と呼びましょうか。

雅は、「便利」や「合理性」とは別の場所に、ひっそりと、でも確実にきらりと輝いて存在しています。ぜひそれを拾い上げて、磨き、楽しんでください。神様と暮らす雅な暮らしは、私たちの体を健やかにし、脳に刺激を与え、幸福度を上げます。五感が華やぎ、それに引き寄せられるように、運気も上がります。

この本では、雅なことの発見のしかたのひとつとして、「手書き」をおすすめしていますが、これも私の神職としての経験からです。

神社の神職は、祝詞《のりと》という、神様にお伝えする文章を日々書いています。私の場合は、お宮参りの赤ちゃんや、七五三のお子さんのお名前も、御札に書きます。神社のお仕事を通して、文字を書くことがある種の力を持つことを実感し、プライベートでも、スケジュールからあれこれ思いついたことまで、あらゆることを手帳や紙に手書きするようになりました。

すると、不思議なことに、日常の中で「書くべきこと」が起こるのです。

もしかしたら、「過ぎればすべてネタ」という関西人の精神が、移住者である私にも染み込んで、そのように感じるのかもしれません。

手帳に書きたいがゆえに、身のまわりの世界を注意深く観察しているからかもしれません。けれど、それだけでは説明のつかぬような、神様の仕業としか思えぬような、些細だけれど書き残すべきできごとが、たしかに起こるのです。


季節についても同じことが言えると思います。

「季節」は、人が、時間というものを区切り、そこに名前をつけて、初めて生まれるものです。もともとそこに「春」が存在するのではなく、「春」と名づけて定義したのは人です。もっと言えば「時間」でさえ、人が認識しなければ存在しないものです。


季節は最初からそこにあるのではない。人が認識し、名づけ、行事を行うことで、季節が起こるのだ、と言えます。いま、気候変動により日本の四季がなくなりつつあると言われますが、私たちが小さな芽吹きや風の流れに感受性を開き、ささやかでも季節の行事を行っていけば、おのずと小さな季節がふたたび立ち上がってくると思うのです。

今、私たちが生き、認識している世界では、時間は不可逆で、亡くなった人は蘇《よみがえ》りません。

けれど、季節はめぐり、繰り返します。

そのおかげで、百年、千年前の同じ季節の同じ行事を、同じ日にすることができます。

そのことを、昔の人は発見し、繰り返し、つないできてくれました。

この本の中では、清少納言や紫式部など、約千年前に生きていた人々が、季節をいかに大事にし、楽しんできたかについても、ご紹介しました。私たちは、季節の行事を通して、こうした過去の人たちと同じ感覚を味わうことができます。それは、神様という時空を超えた存在を媒介にして、過去の人々と体験を共にする、ということだと思います。そして、この体験によるじんわりとした幸福感は、私たちが抱える「未来への不安」を拭うのに充分なのです。


季節はめぐる。毎日の暮らしの中で、神様と仲良くし、季節の幸せを見つけることができれば、幸せな感覚もまた、季節と縫い合わさるように繰り返し、めぐってくる。めぐるたびに、どんどん幸福度が増してゆく。そんな循環が起こることを願っています。

２０２４年12月　桃虚

参考文献

『新潮日本古典集成　古事記（校注・西宮一民）』新潮社
『新　日本古典文学大系25　枕草子（校注・渡辺実）』岩波書店
『新編　日本古典文学全集21・22　源氏物語②③（校注／訳・阿部秋生、秋山虔、今井源衛、鈴木日出男）』小学館
『新編　日本古典文学全集26　紫式部日記（校注／訳・中野幸一）』小学館
『新編　日本古典文学全集44　徒然草（校注／訳・永積安明）』小学館
『古今和歌集（校注・佐伯梅友）』岩波文庫
『和漢朗詠集（訳注・川口久雄）』講談社学術文庫
『［現代版］絵本　御伽草子　付喪神』町田康　絵・石黒亜矢子　講談社
『五行大義　上』中村璋八　明治書院
『寺田寅彦随筆選集　怪異考　化物の進化（編・千葉俊二、細川光洋）』中公文庫
『日本奥地紀行』イザベラ・バード　訳・高梨健吉　平凡社
『Unbeaten Tracks in Japan』Isabella lucy Bird　A PUBLIC DOMAIN BOOK
『東都歳事記　2』斎藤月岑（校注・朝倉治彦）平凡社東洋文庫
『有職故実から学ぶ年中行事百科』八條忠基　淡交社
『植物でしたしむ、日本の年中行事』湯浅浩史　朝日文庫
『ことばの歳時記』山本健吉　文春文庫
『神話と日本人の心』河合隼雄　岩波現代文庫
『中国の自然と民俗』田中克己　研文出版
『民俗行事歳時記』窪寺紘一　世界聖典刊行協会
『祭式大成　男女神職作法篇』小野和輝
『神社有職故実』八束清貫　神社本庁
『新編　折々のうた』大岡信　朝日文庫
『神社と神々　知れば知るほど』監修・井上順孝　実業之日本社
『訳注　日本史料　延喜式　上』虎尾俊哉　集英社
『俳句歳時記　夏　第五版　角川書店編』角川ソフィア文庫
『古典歳時記』吉海直人　角川選書606
『書物の王国4　〈月〉』夢野久作ほか　国書刊行会
『訳注　声字実相義』松長有慶　春秋社
『右脳と左脳　脳センサーでさぐる意識下の世界〈小学館ライブラリー〉』角田忠信　小学館
『事典　和菓子の世界　増補改訂版』中山圭子　岩波書店
『和食の歴史』和食文化国民会議監修　原田信男　思文閣出版
『民間暦』宮本常一　講談社学術文庫
『裏千家　お茶の道しるべ』千宗室　主婦の友社
『歳時の文化事典』五十嵐謙吉　八坂書房
『石井桃子のことば〈とんぼの本〉』中川李枝子ほか　新潮社
『草づくし〈とんぼの本〉』白洲正子ほか　新潮社
『おいしいもののまわり』土井善晴　グラフィック社

【初出】

本書は、幻冬舎plusにて連載した「神様とあそぶ12カ月」（２０２３年11月～２０２４年10月）を大幅に加筆修正したものです。

著者略歴

桃虚《とうきょ》

1970年インド（ムンバイ）生まれ、東京育ち。ライター業を経て、大阪府枚方《ひらかた》市の片埜《かたの》神社にて神職歴20年。「神社新報」で連載など。筆名の「桃虚」は無邪気の象徴である「桃」と、素直な心を表す「虚」を組み合わせた。

神様と暮らす12カ月

運のいい人が四季折々にやっていること

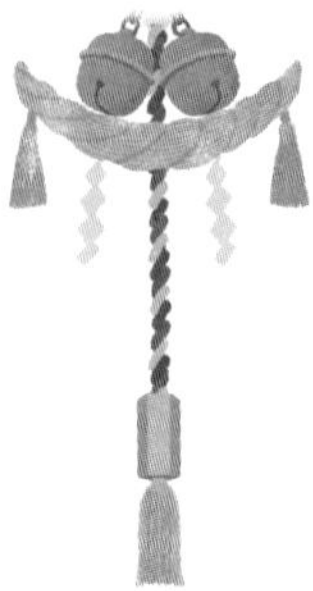

2024年12月5日　第1刷発行

著　者　桃虚

発行人　見城 徹

編集人　菊地朱雅子

編集者　袖山満一子

発行所　株式会社 幻冬舎

〒151-0051 東京都渋谷区千駄ヶ谷4-9-7

電話：03（5411）6211（編集）

03（5411）6222（営業）

公式HP：https://www.gentosha.co.jp/

印刷・製本所　中央精版印刷株式会社

検印廃止

ISBN978-4-344-04378-7　C0095

この本に関するご意見・ご感想は、
下記アンケートフォームからお寄せください。
https://www.gentosha.co.jp/e/